1日たったの4ページ！

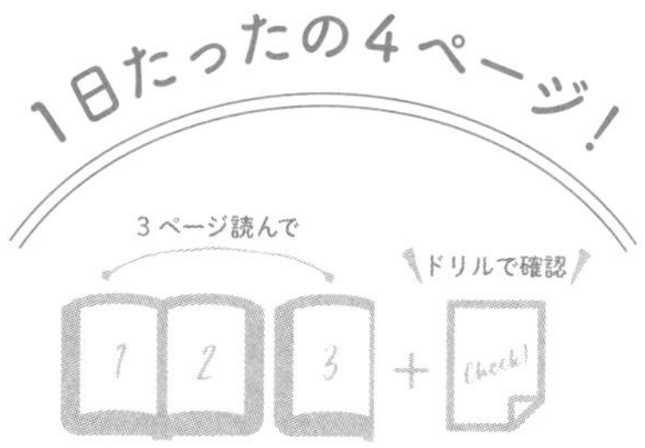

やさしい初級韓国語

秋山卓澄 著

本書を手に取ってくださった皆さま、ありがとうございます。著者のキソカンこと、秋山卓澄と申します。皆さま、韓国語の学習は順調ですか？本書は『やさしい基礎韓国語』の続編という位置づけで作られたものです。『やさしい基礎韓国語』を読んでくださった方々、ありがとうございます！少しでも皆さまのお役に立てたのであれば幸いです。まだお読みになっていない方で入門の内容に不安がある方（本書のステップ１の内容が曖昧な方）は、そちらも併せてご覧ください。

さて、よく外国語学習者の方から「完璧になりたい」という言葉を聞きます。そもそも言語運用能力における「完璧」とは、どのような状態を指すのでしょうか。また「あなたは完璧です」と、どのように客観的に判断するのでしょうか。『広辞苑』第六版（岩波書店）には、「完璧」はこのように記されています。

欠点がなく、すぐれてよいこと。完全無欠。

これを言語運用能力に当てはめて考えると、「知らないことやできないこと（欠点）がなにもない状態」であると言えます。では、それをどのように判断するのか。まずは日本語を例に、言語における「完璧」の判断基準について考えてみます。

例えば、日本語の語彙を最も多く収録していると思われる辞書『日本国語大辞典』（小学館）に掲載されている言葉を全て知っていたとします。しかし『日本国語大辞典』は、日々生まれては消える流行語までをも全て網羅しているわけではありません。ということは、『日本国語大辞典』に載っている言葉を全て知っているからといって、日本語の語彙知識が「完璧」であるかどうかは分からないということになります。

今度は外国語で考えてみましょう。例えばTOPIK（韓国語能力試験）で満点を取ったとします。これは一見「完璧」だと客観的に判断する基準にも思えます。しかしそれは「その試験で」完璧だっただけの話です。たった１回の試験で、その人の言語運用能力の全てを判断できるはずがありません。何度満点を取り続けても同じです。「もし違う問題が出ていたら間違えていたかもしれない」という可能性を排除できない以上、試験で判断できる能力には限界があるといえます。

このように考えると、どんなに客観的にものや数字を示しても、人の言語運用能力全体の完璧さを証明することはできないことになります。つまり、「言語運用能力の完璧さを判断する客観的基準は存在しない」といえます。判断基準がない以上、言語において客観的に完璧だという状態には、誰もなれないということになります。

どうせ客観的な「完璧」にはなれないのなら、自分だけの基準で成長を感じながら、楽しく学びませんか？　学習の成果は他人と比べるものではなく、過去の自分と比べるものだと思います。気負わずに、自分の成長を楽しんでくださいね！

著者　**秋山卓澄**（キソカン）

1日たったの**4**ページ。
韓国語の初級知識がしっかり身につく！

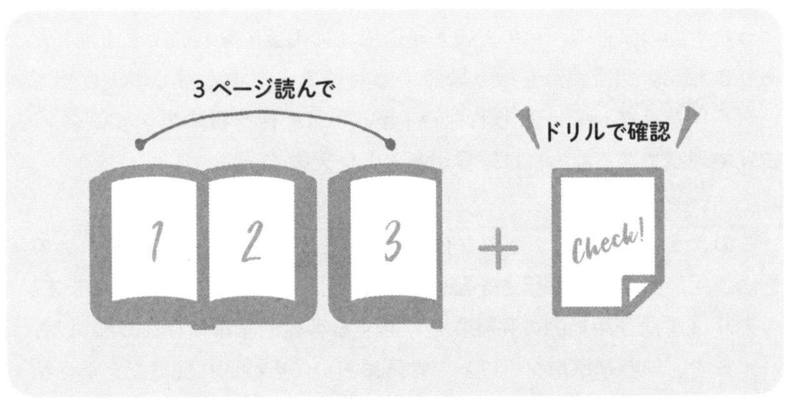

1日に学ぶボリュームが少ないから

とにかく学習が楽！

少しずつ、でも着実に

ステップアップ

Step 1 入門レベルの復習

シリーズ『やさしい基礎韓国語』で学んだ内容の中から、初級レベルを始める前に押さえておきたいポイントを復習します。

Step 2 初級韓国語、必須の文法について

初級段階でまず学ぶべき文法項目を、やさしく解説します。表現の幅がグッと広くなるのを実感できるでしょう。

Step 3 語尾・表現の幅を広げる

気持ちを伝えるための語尾・表現をとにかくたくさんご紹介します。「語尾・表現集」として、お手元に長く置いて役立ててください！

Step 4 中級に向かうために

初級学習を終え、中級に向かうために必要な知識を紹介します。韓国語を続けていくための力を養う、一歩踏み込んだ内容です。

この本の使い方

本書はステップ1〜4まで、全部で48のレッスンで構成されています(もくじ参照)。

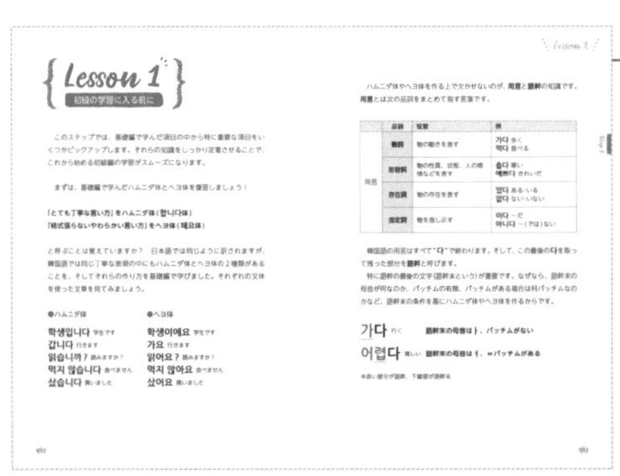

Lesson 1
初級の学習に入る前に

このステップでは、基礎編で学んだ項目の中から特に重要な項目をいくつかピックアップします。それらの知識をしっかり定着させることで、これから始める初級編の学習がスムーズになります。

まずは、基礎編で学んだハムニダ体とヘヨ体を復習しましょう!

「とても丁寧な言い方」をハムニダ体(합니다体)
「格式張らないやわらかい言い方」をヘヨ体(해요体)

と呼ぶことは覚えていますか? 日本語では同じように訳されますが、韓国語では同じ丁寧な表現の中にもハムニダ体とヘヨ体の2種類があることを、そしてそれらの作り方を基礎編で学びました。それぞれの文体を使った文章を見てみましょう。

●ハムニダ体	●ヘヨ体
학생입니다 学生です	**학생이에요** 学生です
갑니다 行きます	**가요** 行きます
읽습니까? 読みますか?	**읽어요?** 読みますか?
먹지 않습니다 食べません	**먹지 않아요** 食べません
샀습니다 買いました	**샀어요** 買いました

012

ハムニダ体やヘヨ体を作る上で欠かせないのが、**用言**と**語幹**の知識です。**用言**とは次の品詞をまとめて指す言葉です。

	品詞	説明	例
用言	**動詞**	物の動きを表す	**가다** 歩く **먹다** 食べる
	形容詞	物の性質、状態、人の感情などを表す	**춥다** 寒い **예쁘다** きれいだ
	存在詞	物の存在を表す	**있다** ある・いる **없다** ない・いない
	指定詞	物を指し示す	**이다** 〜だ **아니다** 〜(では)ない

韓国語の用言はすべて"**다**"で終わります。そして、この最後の**다**を取って残った部分を**語幹**と呼びます。

特に語幹の最後の文字(語幹末という)が重要です。なぜなら、語幹末の母音が何なのか、パッチムの有無、パッチムがある場合は何パッチムなのかなど、語幹末の条件を基にハムニダ体やヘヨ体を作るからです。

가다 行く **語幹末の母音は ㅏ、パッチムがない**
어렵다 難しい **語幹末の母音は ㅓ、ㅂパッチムがある**

※赤い部分が語幹、下線部が語幹末

013

レッスン

1レッスンが4ページで構成されているため、短時間で負担なく学習することができます。本文中、(基P.000)という参照ページは、別冊『やさしい基礎韓国語』での参照ページです。必要に応じてお役立てください。

3ページ読んだら、レッスンで学んだことが、しっかり身についているか、「かくにんドリル」でチェック!

「かくにんドリル」の解答(P.227)には、必要に応じて解説もついているので、間違えた箇所をそのままにせず、理解してから次のレッスンに進みましょう。

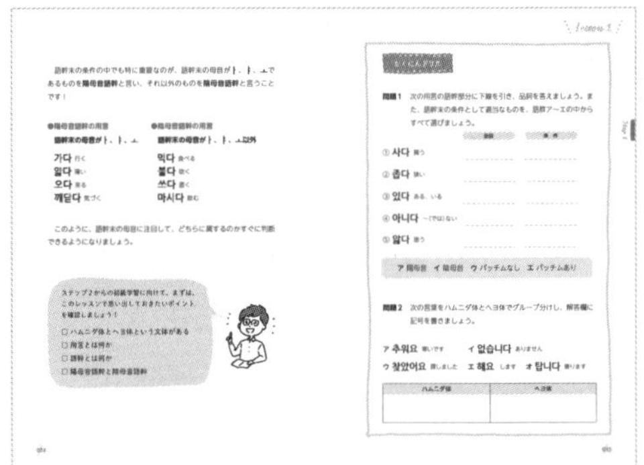

語幹末の条件の中でも特に重要なのが、語幹末の母音がㅏ、ㅑ、ㅗであるものを**陽母音語幹**と言い、それ以外のものを**陰母音語幹**と言うことです!

●陽母音語幹の用言	●陰母音語幹の用言
語幹末の母音がㅏ、ㅑ、ㅗ	**語幹末の母音がㅏ、ㅑ、ㅗ以外**
가다 行く	**먹다** 食べる
얇다 薄い	**불다** 吹く
오다 来る	**쓰다** 書く
깨닫다 気づく	**마시다** 飲む

このように、語幹末の母音に注目して、どちらに属するのかすぐに判断できるようになりましょう。

014

かくにんドリル

問題1 次の用言の語幹部分に下線を引き、品詞を答えましょう。また、語幹末の条件として適当なものを、語群ア〜エの中からすべて選びましょう。

	品詞	条件
① **사다** 買う		
② **좁다** 狭い		
③ **있다** ある、いる		
④ **아니다** 〜(では)ない		
⑤ **알다** [illegible]		

ア 陽母音　イ 陰母音　ウ パッチムなし　エ パッチムあり

問題2 次の言葉をハムニダ体とヘヨ体でグループ分けし、解答欄に記号を書きましょう。

ア **추워요** 寒いです　イ **없습니다** ありません
ウ **찾았어요** 探しました　エ **해요** します　オ **탑니다** 乗ります

ハムニダ体	ヘヨ体

015

[音声について]

本書の中で、音声マーク ⬇00 があるところは、学習に必要な音声をダウンロードして聞くことができます。小社ウェブサイト(https://www.hanapress.com/)のサポートページ、または書籍紹介ページよりダウンロードしてご利用ください。ご利用の際にはパスワード(**kisokan_syokyu**)をご入力ください。

総合練習ドリル

各ステップの終わりには、そのステップで学んだことを総復習できるドリルがついています。

キソカンコラム

学習の合間にホッと一息。気分転換にぜひお読みください。

巻末付録

本書に登場する用言や、初級レベルで覚えておきたい用言を一覧にしました。発音変化や変則活用の有無も掲載しましたので参考にしてください。

もくじ

191 *Step 4* **中級に向かうために**

Step 1

入門レベルの復習

このステップでは、基礎編で学んだ項目の中から特に重要な項目をいくつかピックアップします。それらの知識をしっかり定着させることで、これから始める初級編の学習がスムーズになります。

まずは、基礎編で学んだハムニダ体とヘヨ体を復習しましょう！

「とても丁寧な言い方」をハムニダ体(합니다体)
「格式張らないやわらかい言い方」をヘヨ体(해요体)

と呼ぶことは覚えていますか？　日本語では同じように訳されますが、韓国語では同じ丁寧な表現の中にもハムニダ体とヘヨ体の２種類があることを、そしてそれらの作り方を基礎編で学びました。それぞれの文体を使った文章を見てみましょう。

●ハムニダ体

학생입니다 学生です
갑니다 行きます
읽습니까? 読みますか？
먹지 않습니다 食べません
샀습니다 買いました

●ヘヨ体

학생이에요 学生です
가요 行きます
읽어요? 読みますか？
먹지 않아요 食べません
샀어요 買いました

ハムニダ体やヘヨ体を作る上で欠かせないのが、**用言**と**語幹**の知識です。**用言**とは次の品詞をまとめて指す言葉です。

	品詞	役割	例
用言	**動詞**	物の動きを表す	**가다** 歩く **먹다** 食べる
	形容詞	物の性質、状態、人の感情などを表す	**춥다** 寒い **예쁘다** きれいだ
	存在詞	物の存在を表す	**있다** ある·いる **없다** ない·いない
	指定詞	物を指し示す	**이다** 〜だ **아니다** 〜(では)ない

韓国語の用言はすべて"**다**"で終わります。そして、この最後の**다**を取って残った部分を**語幹**と呼びます。

特に語幹の最後の文字(語幹末という)が重要です。なぜなら、語幹末の母音が何なのか、パッチムの有無、パッチムがある場合は何パッチムなのかなど、語幹末の条件を基にハムニダ体やヘヨ体を作るからです。

가다 行く　**語幹末の母音はㅏ、パッチムがない**

어렵다 難しい　**語幹末の母音はㅓ、ㅂパッチムがある**

※赤い部分が語幹、下線部が語幹末

語幹末の条件の中でも特に重要なのが、語幹末の母音がㅏ、ㅑ、ㅗであるものを**陽母音語幹**と言い、それ以外のものを**陰母音語幹**と言うことです！

●陽母音語幹の用言

語幹末の母音がㅏ、ㅑ、ㅗ

가다 行く
얇다 薄い
오다 来る
깨닫다 気づく

●陰母音語幹の用言

語幹末の母音がㅏ、ㅑ、ㅗ以外

먹다 食べる
불다 吹く
쓰다 書く
마시다 飲む

このように、語幹末の母音に注目して、どちらに属するのかすぐに判断できるようになりましょう。

ステップ２からの初級学習に向けて、まずは、このレッスンで思い出しておきたいポイントを確認しましょう！

□ ハムニダ体とヘヨ体という文体がある
□ 用言とは何か
□ 語幹とは何か
□ 陽母音語幹と陰母音語幹

かくにんドリル

問題 1　次の用言の語幹部分に下線を引き、品詞を答えましょう。また、語幹末の条件として適当なものを、語群ア～エの中からすべて選びましょう。

	品詞	条件
① **사다** 買う		
② **좁다** 狭い		
③ **있다** ある、いる		
④ **아니다** ～(では)ない		
⑤ **앓다** 患う		

ア 陽母音　**イ** 陰母音　**ウ** パッチムなし　**エ** パッチムあり

問題 2　次の言葉をハムニダ体とヘヨ体でグループ分けし、解答欄に記号を書きましょう。

ア **추워요** 寒いです　イ **없습니다** ありません

ウ **찾았어요** 探しました　エ **해요** します　オ **탑니다** 乗ります

ハムニダ体	ヘヨ体

Lesson 2
ハムニダ体とヘヨ体の作り方

先ほどのレッスンで、ハムニダ体やヘヨ体とは何か、そしてそれらを作る際に大切な語幹の知識について復習しました。このレッスンではハムニダ体やヘヨ体の作り方を復習していきましょう。

用言をハムニダ体やヘヨ体にする際、用言の語幹にそれぞれの文体を作る**語尾**をつけます。

ハムニダ体を作る語尾

語幹 ＋ -ㅂ니다/습니다 ～します、～いです、～です

語幹末にパッチムがなければ**-ㅂ니다**を、パッチムがあれば**-습니다**をつけます。ただし、語幹末がㄹパッチムで終わるㄹ語幹用言(P.036)の場合は、ㄹパッチムを取って**-ㅂ니다**をつけます。なお、疑問文の場合は、語幹＋**-ㅂ니까/습니까?**(～しますか？、～いですか？)となります(基P.139)。

가다 行く ＋ -ㅂ니다 ▶ 갑니다 行きます
먹다 食べる ＋ -습니다 ▶ 먹습니다 食べます
멀다 遠い ＋ -ㅂ니다 ▶ 멉니다 遠いです
사다 買う ＋ -ㅂ니까? ▶ 삽니까? 買いますか？

ヘヨ体を作る語尾

語幹 + -아요/어요 ～します、～いです、～です

指定詞以外の用言において、語幹末が陽母音の場合は**-아요**、陰母音の場合は**-어요**をつけます。ヘヨ体は言い方で、疑問や勧誘、命令などさまざまなニュアンスを表現できます(基P.166)。

작다 小さい + **-아요** ▶ **작아요** 小さいです
먹다 食べる + **-어요** ▶ **먹어요** 食べます

指定詞のヘヨ体は**이다→이에요/예요、아니다→아니에요**です(基P.120、124)。

귤이예요 ミカンです　**의사예요** 医者です
가수가 아니예요 歌手ではありません

指定詞以外の用言において、語幹末にパッチムがない場合、語幹末の母音が脱落したり合体したりすることがあります(基P.150)。

● 脱落するパターン

① 語幹末の母音がㅏ、ㅓ

語幹末の母音ㅏ、ㅓと語尾**-아요/어요**の母音ㅏ/ㅓが二つ連続することで、一つ脱落します。

사다 買う + **-아요** ▶ **사요** 買います
서다 立つ + **-어요** ▶ **서요** 立ちます

② 語幹末の母音がㅐ、ㅔ

ㅐ、ㅔと、**-어요**の母音ㅓが重なることで、ㅓが脱落します。

보내다 送る　+ **-어요** ▶ **보내요** 送ります
세다 数える + **-어요** ▶ **세요** 数えます

● **合体するパターン**

① 語幹末の母音がㅗ、ㅜ

ㅗとㅏ、ㅜとㅓがそれぞれ合体することで、ㅘ、ㅝになります。

보다 見る + **-아요** ▶ **봐요** 見ます
두다 置く + **-어요** ▶ **둬요** 置きます

② 語幹末の母音がㅣ

ㅣと**-어요**の母音ㅓが合体することで、ㅕになります。**피다**(咲く)のように語幹が一文字の場合、母音が合体せず、**피어요**となる例外もあります。

기다리다 待つ + **-어요** ▶ **기다려요** 待ちます

③ 語幹末の母音がㅚ

ㅚと**-어요**の母音ㅓが合体することで、ㅙになります。

되다 なる + **-어요** ▶ **돼요** なります

かくにんドリル

問題 1　次の用言を、それぞれハムニダ体とヘヨ体にしましょう。

	ハムニダ体	ヘヨ体
① **지내다** 過ごす		
② **버리다** 捨てる		
③ **짜다** しょっぱい		
④ **벗다** 脱ぐ		
⑤ **놀다** 遊ぶ		
⑥ **되다** なる		
⑦ **학생이다** 学生だ		
⑧ **마시다** 飲む		
⑨ **나다** 出る		

ここまでハムニダ体やヘヨ体の復習をしてきましたが、語尾はこれ以外にも仮定の語尾、つなぎの語尾など、いろいろなものがあります。さらに語尾を組み合わせて、願望や否定の表現を作ることもできます。このレッスンでは、基礎編で学んだ語尾表現を振り返ってみましょう。詳しくは改めてステップ３でご説明するので、今は「あ、そんなのもあったなー」と思い出せればOKです。気負わずどんどん先に進みましょう！

● **過去を表す表現** 基P.202、P.206

語幹 ＋ -았다 / 었다 ～した、～かった、～だった

語幹末が陽母音の場合は**-았다**、陰母音の場合は**-었다**をつけます。これにハムニダ体やヘヨ体の語尾を続けてみましょう。

남다 残る ＋ **-았다** ▶ **남았다** 残った
입다 着る ＋ **-었다** ▶ **입었다** 着た

남았다 ＋ **-습니다** ▶ **남았습니다** 残りました
입었다 ＋ **-어요** ▶ **입었어요** 着ました

● 願望を表す表現 基P.210

動詞語幹 + -고 싶다 ～したい

語幹末が陽母音でも陰母音でも、語幹末にパッチムがあってもなくても、語幹に**-고 싶다**をつけるだけです。これにハムニダ体やヘヨ体の語尾を続けてみましょう。

놀다 遊ぶ + **-고 싶다** ▶ **놀고 싶다** 遊びたい
듣다 聞く + **-고 싶다** ▶ **듣고 싶다** 聞きたい

놀고 싶다 + **-습니다** ▶ **놀고 싶습니다** 遊びたいです
듣고 싶다 + **-어요** ▶ **듣고 싶어요** 聞きたいです

● 否定を表す表現 基P.199

語幹 + -지 않다 ～しない、～くない、～ではない

語幹末が陽母音でも陰母音でも、語幹末にパッチムがあってもなくても、語幹に**-지 않다**をつけるだけです。これにハムニダ体やヘヨ体の語尾を続けてみましょう。

오다 来る + **-지 않다** ▶ **오지 않다** 来ない
춥다 寒い + **-지 않다** ▶ **춥지 않다** 寒くない

오지 않다 + -습니다 ▶ 오지 않습니다 来ません
춥지 않다 + -아요 ▶ 춥지 않아요 寒くありません

● **仮定を表す語尾** 基P.224

語幹 + -(으)면 ～したら、～いなら、～なら

用言の語幹末にパッチムがある場合、語幹と語尾の間に**으**が入ります。ただし**ㄹ**語幹用言(P.036)の場合はパッチムがあっても**으**は入りません。

다르다 違う **+ -면 ▶ 다르면** 違うなら
먹다 食べる **+ -으면 ▶ 먹으면** 食べたら
멀다 遠い **+ -면 ▶ 멀면** 遠いなら

このような語尾表現の知識が豊富であればあるほど、より豊かな韓国語を話すことができます。本書は、この一冊を通して豊富な語尾表現を身につけることができるように構成されています。そして、そのベースになるのは基礎編で学んだ知識なのです！　土台をしっかり固めて、着実にステップアップしていきましょう！

かくにんドリル

問題 1　次の用言に語尾表現をつけて書き、(　)内に日本語訳を書きましょう。文体が指定されているものは、その文体にしましょう。

① **만나다** 会う **+ -(으)면**

(　　　　　　　　)

② **밝다** 明るい **+ -았다 / 었다**
ヘヨ体

(　　　　　　　　)

③ **나쁘다** 悪い **+ -지 않다**
ハムニダ体

(　　　　　　　　)

④ **받다** 受ける **+ -(으)면**

(　　　　　　　　)

⑤ **일어나다** 起きる **+ -았다 / 었다**
ハムニダ体

(　　　　　　　　)

⑥ **보내다** 送る **+ -았다 / 었다**
ヘヨ体

(　　　　　　　　)

⑦ **먹다** 食べる **+ -고 싶다**
ヘヨ体

(　　　　　　　　)

⑧ **가다** 行く **+ -지 않다**
ヘヨ体

(　　　　　　　　)

基礎編の最後で触れましたが、語幹に語尾をつける際の接続パターンは３通りで（基P.214）、語幹末の条件を考えることが非常に重要です。三つの接続パターンについて、改めて復習していきましょう。

パターン１　直接型

用言の語幹に語尾表現を直接つけるパターンです。語幹末のパッチムの有無によってつける語尾が変わるものもあります。代表的なものにハムニダ体の語尾があります。

● **ハムニダ体　-ㅂ니다/습니다** ～します、～いです、～です

하다 する　＋ **-ㅂ니다** ▶ **합니다** します
믿다 信じる ＋ **-습니다** ▶ **믿습니다** 信じます

● **逆接を表す語尾　-지만** ～するけど、～いけど、～だけど

잊다 忘れる ＋ **-지만** ▶ **잊지만** 忘れるけど
약하다 弱い　＋ **-지만** ▶ **약하지만** 弱いけど

パターン2　아/어型

語幹末が陽母音なら**아**、陰母音なら**어**から始まる語尾をつけるパターンです。このパターンは、変則活用(P.028)が起きたり、語幹末にパッチムがない場合、母音の脱落や合体(P.017、018)が起きたりするので注意が必要です。代表的なものにへヨ体の語尾があります。

● **接続の語尾　-아서/어서** ～して、～くて、～で

타다 乗る　+ **-아서** ▶ **타서** 乗って
넓다 広い　+ **-어서** ▶ **넓어서** 広くて

● **過去を表す表現　-았다/었다** ～した、～かった、～だった

일어나다 起きる　+ **-았다** ▶ **일어났다** 起きた
배우다 習う　+ **-었다** ▶ **배웠다** 習った

● **依頼を表す表現　-아/어 주세요** ～してください

사다 買う　+ **-아 주세요** ▶ **사 주세요** 買ってください
지키다 守る　+ **-어 주세요** ▶ **지켜 주세요** 守ってください

パターン3　으型

語幹末にパッチムがある場合、語幹と語尾の間に으を挟むパターンです。으型の語尾でも変則活用(P.028)が起こるので注意が必要です。

● **仮定を表す語尾　-(으)면** ～したら、～いなら、～なら

만나다 会う ＋ **-면** ▶ **만나면** 会ったら
많다 多い ＋ **-으면** ▶ **많으면** 多いなら

● **理由を表す語尾　-(으)니까** ～するので、～いので、～なので

남기다 残す ＋ **-니까** ▶ **남기니까** 残すので
작다 小さい ＋ **-으니까** ▶ **작으니까** 小さいので

語尾の接続パターンは、このように三つに分けることができます。語尾を見たら意味とスペルを覚えるのは当然なのですが、「接続が何型か」も併せて覚えましょう！

なお、ここでご紹介した語尾は、基礎編でも扱ったものです。こんな語尾やったなーと、思い出しておきましょう！

かくにんドリル

問題1　語尾の接続パターンを説明した以下の文が正しければ○を、間違っていれば×を解答欄に書きましょう。

※答えが×になる問題に関しては、なぜ間違っているかが解答(P.227)に記されています。解答をご覧になる前に、ぜひ間違っている理由まで考えてみてください。

① 直接型とは、用言の語幹に語尾を直接つけるパターンのこと。直接型の語尾であれば、用言の語幹末がどんな条件であろうと同じものをつければ良い。　(　　)

② **아**/**어**型とは、用言の語幹末が陽母音なら**어**、陰母音なら**아**から始まる語尾がつくパターンのこと。このパターンの語尾は変則活用が起きたり、語幹末にパッチムがない場合、母音の脱落や合体が起きたりする。　(　　)

③ **으**型とは、語幹末にパッチムがある用言につけた場合、語幹と語尾の間に**으**を挟むパターンのこと。このパターンの語尾は変則活用が起こることがある。　(　　)

問題2　次の例文の下線部で使われている語尾表現をア～オの中から、接続パターンをA～Cの中から選んで記号で答えましょう。

	語尾	型
① **교과서를 샀어요.** 教科書を買いました。		
② **비가 와서 싫어요.** 雨が降って嫌です。		
③ **술을 마시고 싶어요.** 酒が飲みたいです。		
④ **운동하면 어때요?** 運動したらどうですか？		

選択肢

ア　-고 싶다	イ　-아서/어서	ウ　-ㅂ니다/습니다
エ　-(으)면	オ　-았다/었다	
A　直接型	B　아/어型	C　으型

Lesson 5
変則活用のまとめ①

前のレッスンの、**아/어**型や**으**型の説明をしたところで「変則活用が起こるので注意が必要です」と書きました。**変則活用**とは、用言の語幹が語尾の影響を受けて変則的に形を変えることです。この変則活用が起こる用言のことを変則活用用言と呼び、以下の九つがあります。表右側の○は、どの型の語尾がついたときに変則活用が起きるかを示しています。

変則活用用言		아/어型	으型
ハダ用言	**하다**(する)で終わる用言のすべて	○	×
ㅂ変則用言	語幹末にㅂパッチムがある用言	○	○
ㄷ変則用言	語幹末にㄷパッチムがある用言	○	○
으語幹用言	語幹末の母音がㅡで、パッチムがない用言	○	×
르変則用言	語幹末が르の用言	○	×
ㅅ変則用言	語幹末にㅅパッチムがある用言	○	○
러変則用言	**이르다、푸르다、노르다、누르다**の4語のみ	○	×
ㅎ変則用言	語幹末がㅎパッチムで終わる形容詞(**좋다**を除く)	○	○
ㄹ語幹用言	語幹末にㄹパッチムがある用言のすべて	×	*

「～語幹用言、ハダ用言」は、その語幹をもつ用言が全てルールに則して活用しますが、「～変則用言」は、その語幹をもつ用言の一部がルールに則して活用します。
＊ㄹ語幹用言は他の変則活用用言とはタイプが違うので、最後にまとめます(P.036)。

ハダ用言

하다(する)で終わる用言に**아**/**어**型の語尾をつけると、語幹**하**が**해**になります。なお、語幹**하**に-**아**ではなく、例外的に-**여**がついて**해**になるのですが、単純に語幹**하**が**해**になると覚えてしまいましょう！

운동하다 運動する ＋ **-여요** ▶ **운동해요** 運動します
사랑하다 愛する ＋ **-였어요** ▶ **사랑했어요** 愛しました

ㅂ変則用言

● 아/어型の語尾をつけるとき

語幹末のㅂパッチムを取って**우**にし、**어**から始まる語尾をつけます。ただし、**돕다**(手伝う)、**곱다**(美しい)の２語のみ例外的にㅂパッチムを取って**오**にし、**아**から始まる語尾をつけます。

덥다 暑い ▶ **더우** ＋ **-었어요** ▶ **더웠어요** 暑かったです
돕다 手伝う ▶ **도오** ＋ **-아요** ▶ **도와요** 手伝います

● 으型の語尾をつけるとき

語幹末のㅂパッチムを取って**우**にし、パッチムがない語幹として扱うので、語幹と語尾の間に**으**を挟みません。**돕다**、**곱다**も同様に扱います。

춥다 寒い ▶ **추우** ＋ **-니까** ▶ **추우니까** 寒いから
돕다 手伝う ▶ **도우** ＋ **-면** ▶ **도우면** 手伝うなら

ㄷ変則用言

● 아/어型の語尾をつけるとき

語幹末のㄷパッチムをㄹに変え、語幹末が陽母音なら**아**、陰母音なら**어**から始まる語尾をつけます。

걷다 歩く ▶ **걸 + -었습니다** ▶ **걸었습니다** 歩きました

깨닫다 気づく ▶ **깨달 + -았어요** ▶ **깨달았어요** 気づきました

● 으型の語尾をつけるとき

語幹末のㄷパッチムをㄹに変え、パッチムがあるので語幹と語尾の間に**으**を挟みます。

묻다 尋ねる ▶ **물 + -으면** ▶ **물으면** 尋ねたら

듣다 聞く ▶ **들 + -으니까** ▶ **들으니까** 聞くから

語幹末がㅂパッチムなのに**잡다**(つかむ)→**잡아요**、ㄷパッチムなのに**믿다**(信じる)→**믿어요**のように、正則活用する用言があります。変則か正則かはその都度覚えていけばよいのですが、巻末付録「初級で覚えておきたい用言(P.220)」に変則活用の有無を示したので、参考にしてください！

かくにんドリル

問題 1　次の変則活用用言に語尾表現をつけて書き、(　)内に日本語訳を書きましょう。

① **듣다** 聞く **+ -(으)면**　＿＿＿＿＿＿＿＿
(　　　　　　　　)

② **묻다** 尋ねる **+ -아요/어요**　＿＿＿＿＿＿＿＿
(　　　　　　　　)

③ **용서하다** 許す **+ -아/어 주세요**　＿＿＿＿＿＿＿＿
(　　　　　　　　)

④ **돕다** 手伝う **+ -(으)니까**　＿＿＿＿＿＿＿＿
(　　　　　　　　)

問題 2　次の文中の下線部で用いられている変則活用用言の、辞書形を答えましょう。

① **어제는 공부를 많이 <u>했어요</u>.**　＿＿＿＿＿＿＿＿
昨日は勉強をたくさんしました。

② **한국 음악을 <u>들어요</u>.**　＿＿＿＿＿＿＿＿
韓国の音楽を聞きます。

③ **리듬에 몸을 <u>실으면</u> 돼요.**　＿＿＿＿＿＿＿＿
リズムに体を乗せればいいです。

④ **<u>가까우니까</u> 공원에 가요.**　＿＿＿＿＿＿＿＿
近いので公園に行きましょう。

⑤ **그 공원은 꽃이 <u>아름다워요</u>.**　＿＿＿＿＿＿＿＿
その公園は花が美しいです。

Lesson 6 変則活用のまとめ②

前のレッスンに引き続き、**으**語幹用言、**르**変則用言、**ㅅ**変則用言、**러**変則用言、**ㅎ**変則用言を復習しましょう。

으語幹用言

아 / **어**型の語尾をつけるとき、語幹末の母音**ㅡ**を取って、語幹末の一つ前の文字の母音が陽母音なら**아**、陰母音もしくは語幹が 1 文字だけなら**어**から始まる語尾をつけます。

아프다 痛い ▶ **아ㅍ + -아요** ▶ **아파요** 痛いです
예쁘다 きれいだ ▶ **예ㅃ + -어서** ▶ **예뻐서** きれいで
쓰다 使う ▶ **ㅆ + -었어요** ▶ **썼어요** 使いました

르変則用言

아 / **어**型の語尾をつけるとき、語幹末の**르**を取り、語幹末の一つ前の文字に**ㄹ**パッチムをつけ、その後ろに子音の**ㄹ**をつけます。そして語幹末の一つ前の文字の母音が陽母音なら**아**、陰母音なら**어**から始まる語尾をつけます。

빠르다 速い ▶ **빨ㄹ + -아요** ▶ **빨라요** 速いです
흐르다 流れる ▶ **흘ㄹ + -어서** ▶ **흘러서** 流れて

ㅅ変則用言

● 아/어型の語尾をつけるとき

語幹末のㅅパッチムを取って、陽母音なら**아**、陰母音なら**어**から始まる語尾をつけます。

낫다 治る ▶ **나 + -았다** ▶ **나았다** 治った
붓다 注ぐ ▶ **부 + -어 주세요**
▶ **부어 주세요** 注いでください

正則活用のときのように母音の脱落や合体(P.017、018)は起きないので、**나았다**、**부어 주세요**が**났다**、**붜 주세요**となることはありません。

● 으型の語尾をつけるとき

同じく、ㅅパッチムを取りますが、パッチムがあった名残か、パッチムがなくなったにもかかわらず語幹と語尾の間に**으**を挟みます。

잇다 つなぐ ▶ **이 + -으면** ▶ **이으면** つないだら
짓다 建てる ▶ **지 + -으니까** ▶ **지으니까** 建てるので

語幹末がㅅパッチムなのに正則活用する用言には、日常生活でよく使う**웃다**(笑う)、**씻다**(洗う)、**벗다**(脱ぐ)など、たくさんあります。これも巻末付録でチェックしましょう！(P.220)

러変則用言

語幹末が**르**の用言のうち、**이르다**(至る)、**푸르다**(青い)、**노르다**(黄色い)、**누르다**(濁った黄色だ)の4語のみです。**아**/**어**型の語尾をつけるとき、語幹末の**르**の後ろに**ㄹ**をつけ、そこに**어**から始まる語尾をつけます。

푸르다 青い ▶ **푸르ㄹ ＋ -어요** ▶ **푸르러요** 青いです
이르다 至る ▶ **이르ㄹ ＋ -어서** ▶ **이르러서** 至って

ㅎ変則用言

● 아/어型の語尾をつけるとき

語幹末の**ㅎ**パッチムと母音を取って**ㅐ**(**하얗다**だけは**ㅒ**)をつけ、そこに語尾をつけます。その際、語尾の**어**が脱落します。

이렇다 このようだ ▶ **이래 ＋ -어요** ▶ **이래요** このようです
하얗다 白い ▶ **하얘 ＋ -었어요**
▶ **하얬어요** 白かったです

● 으型の語尾をつけるとき

語幹末の**ㅎ**パッチムを取ってパッチムがない語幹として扱うので、語幹と語尾の間に**으**を挟みません。

파랗다 青い ▶ **파라 ＋ -면** ▶ **파라면** 青いなら
노랗다 黄色い ▶ **노라 ＋ -니까** ▶ **노라니까** 黄色いので

かくにんドリル

問題 1　次の変則活用用言に語尾表現をつけて書き、(　)内に日本語訳を書きましょう。文体が指定されているものは、その文体にしましょう。

① **모르다** 知らない **+ -아서/어서**

(　　　　　　　　　　　　　　　　)

② **짓다** 建てる **+ -(으)면**

(　　　　　　　　　　　　　　　　)

③ **누르다** 黄色い **+ -았다/었다**
ハムニダ体

(　　　　　　　　　　　　　　　　)

④ **그렇다** そのようだ **+ -았다/었다**
ヘヨ体

(　　　　　　　　　　　　　　　　)

問題 2　次の文中の下線部で用いられている変則活用用言の、辞書形を答えましょう。

① **머리가 <u>아파요</u>.**
頭が痛いです。

② **원래는 머리가 <u>까맸어요</u>.**
もともとは髪が黒かったです。

③ **지금은 <u>푸르러요</u>.**
今は青いです。

④ **눈이 왜 <u>빨개요</u>?**
目がどうして赤いんですか？

変則活用のまとめはこのレッスンで終わりです！　残るはㄹ語幹用言です。ㄹ語幹用言は他の変則活用用言とはまた別の活用をするので、じっくり見ていきましょう。

ㄹ語幹用言

ㄹ語幹用言の変則活用について考える際、考慮すべき条件が二つあります。

条件①　語尾をつけるとき、パッチムがないときにつける語尾を選択します。つまり、**으**型の語尾の場合は、語幹と語尾の間に**으**を挟みません。

만들다 作る ▶ **만들 + -면** ▶ **만들면** 作ったら
놀다 遊ぶ ▶ **놀 + -면** ▶ **놀면** 遊んだら

また、直接型の語尾でハムニダ体**-ㅂ니다**/**습니다**のように、パッチムの有無で語尾を選ぶ場合も同様です。パッチムがないときにつける**-ㅂ니다**を選択します。その際、語幹末の**ㄹ**パッチムを取るのですが、なぜ**ㄹ**パッチムを取るのかは次の条件を見てください。

들다 持つ ▶ **드 + -ㅂ니다** ▶ **듭니다** 持ちます
울다 泣く ▶ **우 + -ㅂ니다** ▶ **웁니다** 泣きます

条件② ㄴ、ㅂ、ㅅで始まる語尾をつけるとき、ㄹパッチムを取ります。

基礎編で学んだ語尾の中には、ㄴ、ㅂ、ㅅで始まる語尾は多く出てきていませんが、ハムニダ体**-ㅂ니다**(P.016)や、理由を表す語尾**-니까**(P.026)がこれに当たります。

条件①②を適用すると次のようになります。

条件① パッチムなしにつける語尾を選択

멀다 遠い ▶ **머 + -니까** ▶ **머니까** 遠いので
알다 分かる ▶ **아 + -ㅂ니다** ▶ **압니다** 分かります

条件② 語尾がㄴ、ㅂ、ㅅで始まる場合、ㄹパッチムを取る

なお、ここまで説明してきた条件は、ㄺ、ㅀ、ㄼなど「ㄹを含む二重パッチム」では適用されません！ ㄹを含む二重パッチムは普通のパッチム扱いになるのでご注意ください！

읽다 読む ▶ **읽 + -으니까** ▶ **읽으니까** 読むので
밟다 踏む ▶ **밟 + -습니다** ▶ **밟습니다** 踏みます

밟습니다は[**밥씀니다**]と読みます！
ㄼパッチムを[ㄹ]ではなく[ㅂ]と発音する例外的な単語です。

言語を学ぶ上で避けられないのが「例外」の存在です。先に文法があってそれを踏まえた言語が存在するのではなく、もともと使われている言語を、後から体系的にまとめたものが文法です。だから、どうしてもルールに収まらない例外というものが出てしまいます。何かしらの理由があるものもありますが、理屈では説明のつかないものもあり、残念ながらそれらは覚えるしかありません。

今回の「ㄴ、ㅂ、ㅅでㄹパッチムが脱落する」というのも、理屈で説明するのはなかなか難しい部分です。「ㅅㅂㄴ（スポン）と取れる」のように、語呂合わせなどで覚えてしまうのも一つの手です！

さて、これまで見てきた変則活用は基礎編で扱っているとはいえ、完璧にマスターしている方はまだ少ないと思います。しかし、それで大丈夫です！　全部覚えてから先に進もうとすると、いつまでも進めず嫌になってきます。変則活用は慣れも大いに関係があります。これからたくさん変則活用の単語に出合って、徐々に覚えていけばよいのです。だから現段階で覚えきれていなくても、気にせず先に進みましょう。

分からなくなったらその都度変則活用のレッスンに戻って、繰り返し読んで身につけてください！

かくにんドリル

問題1　次の用言に語尾をつけて書き、(　)内に日本語訳を書きましょう。

① **알다** 分かる **+ -(으)면**

(　　　　　　　　　　)

② **달다** 甘い **+ -(으)니까**

(　　　　　　　　　　)

③ **돌다** 回る **+ -ㅂ니다/습니다**

(　　　　　　　　　　)

④ **울다** 泣く **+ -ㅂ니다/습니다**

(　　　　　　　　　　)

⑤ **얼다** 凍る **+ -(으)니까**

(　　　　　　　　　　)

⑥ **잃다** 失う **+ -(으)면**

(　　　　　　　　　　)

⑦ **벌다** 稼ぐ **+ -(으)니까**

(　　　　　　　　　　)

⑧ **힘들다** つらい **+ -ㅂ니다/습니다**

(　　　　　　　　　　)

Lesson 8 発音変化①

ステップ１の最後では２回のレッスンに分けて、基礎編で学習した発音変化をざっとおさらいします。

発音変化は韓国語学習者を長らく苦しめる強敵の一つです。皆さんもこれからいろいろな発音変化に出合い、「何これ？」と思うことが多々あるはずです。もうこの際、発音変化とは長い付き合いになると腹をくくりましょう！　発音変化が分からなくても、韓国語の学習を進めることは可能です。完璧にしてから先に進もうと思わず、なんとなく分かったら、あるいは諦めがついたらどんどん先に進みましょう！

連音化 基 P.062 001

ㅇパッチム以外のパッチムの直後にㅇが来たとき、パッチムをㅇの位置に移動し、発音します。

단어［다너］ 単語　**한국어［한구거］** 韓国語

ㅎの無音化 基 P.066 002

ㅎパッチムの直後にㅇが来たとき、ㅎパッチムは発音しません。ㅎを含む二重パッチムの場合、ㅎが無音化し、残ったパッチムが連音化します。

좋아요［조아요］良いです　많아요［마나요］多いです

ㅎの弱音化　基P.067　⬇003

①ㄴ、ㄹ、ㅁパッチムの直後にㅎが来たとき、ㅎの音を弱く発音するため、連音化と同じような現象が起こります。

전화［저놔］電話　결혼［겨론］結婚

②ㅇパッチムの直後にㅎが来たとき、ㅎの音が弱くなりㅇに近い音で発音します。

영화［영와］映画

激音化　基P.070　⬇004

ㅎ（ㄶ、ㅀ含む）の前後にㄱ、ㄷ、ㅂ、ㅈ（激音を持つ平音）が来たとき、それらがㅎと合わさりㅋ、ㅌ、ㅍ、ㅊと激音に変化します。

축하［추카］祝賀　좋다［조타］良い

많다［만타］多い

鼻音化 基P.074、P.078 005

①ㄱ、ㄷ、ㅂ（口音＝鼻から息が出ない音）の音で発音するパッチムの直後にㄴ、ㅁ（鼻音＝鼻から息が出る音）が来たとき、ㄱ、ㄷ、ㅂがㅇ、ㄴ、ㅁに変化します。

악마［앙마］悪魔　입문［임문］入門

②ㄴ、ㄹ以外のパッチムの直後にㄹが来たとき、ㄹがㄴに変化します。ㄴに変化したことにより①の鼻音化も併発することがあります。

심리［심니］心理　음료수［음뇨수］飲料水

국립［국닙▶궁닙］国立

법률［법뉼▶범뉼］法律

流音化 基P.082 006

ㄴの前後にㄹがある場合、そのㄴがㄹに変化します。

연락［열락］連絡　실내［실래］室内

かくにんドリル

問題 1　次の単語の音声を聞き、発音を[　]内にハングルで書きましょう。 ⬇007

① **언어** 言語　[　　　　　　]

② **일 년** 1 年　[　　　　　　]

③ **작년** 昨年　[　　　　　　]

④ **앞문** 表門　[　　　　　　]

⑤ **설날** 正月　[　　　　　　]

⑥ **입학** 入学　[　　　　　　]

⑦ **은행** 銀行　[　　　　　　]

⑧ **쌓아요** 積もります　[　　　　　　]

⑨ **발음** 発音　[　　　　　　]

⑩ **거짓말** うそ　[　　　　　　]

発音変化の復習、残りを見ていきましょう！

口蓋音化 基 P.084 008

ㄷパッチム、ㅌパッチムの後ろに**이**、**히**が来ると、それらが合体して**지**、**치**と発音します。

굳이 [구지] あえて　**붙이다 [부치다]** 貼る
닫히다 [다치다] 閉まる

濃音化 基 P.086 009

①ㄱ、ㄷ、ㅂ（口音）の音で発音するパッチムの直後にㄱ、ㄷ、ㅂ、ㅅ、ㅈ（濃音を持つ平音）が来ると、それらが濃音ㄲ、ㄸ、ㅃ、ㅆ、ㅉに変化します。

학교 [학꾜] 学校　**숟가락 [숟까락]** スプーン
입국 [입꾹] 入国

②漢字語において、ㄹパッチムの直後にㄷ、ㅅ、ㅈ(舌先を使う口音)が来ると、それらがㄸ、ㅆ、ㅉに変化します。

절대[절때] 絶対　**설정[설쩡]** 設定

濃音化はここに紹介した条件以外にも、さまざまな条件下で起こります。これは、初級の学習が本格的に始まるステップ２で改めて扱いますので、今は他にも条件があるということだけ覚えておいてください！

ㄴ挿入 基 P.090 010

合成語や結びつきの強い２語、例えば**부산역**(釜山駅／**부산**＋**역**)、**일본 요리**(日本料理／**일본**＋**요리**)などにおいて、前の単語の最後にパッチムがあり、後ろの単語の最初の文字が「i系の母音(**야**、**여**、**요**、**유**、**이**、**얘**、**예**)」のとき、後ろの単語のㅇにㄴが挿入されます。

부산역[부산녁] 釜山駅
일본 요리[일본뇨리] 日本料理

一方でi系の母音でない場合や、合成語や結びつきの強い2語ではない場合、ㄴは挿入されません。

한국 음식[한구금식] 韓国料理

※後ろの単語(**음식**)の最初の文字がi系の母音ではないので、連音化している。

고양이[고양이] 猫

※**고양이**で一語なので[**고양니**]とはならない。

さらに、ㄴが挿入されたことにより、鼻音化や流音化を併発することがあるので注意しましょう。

공덕역[공덕녁 ▶ 공덩녁] 孔徳駅　※鼻音化を併発

연말연시[연말년시 ▶ 연말련시] 年末年始　※流音化を併発

しつこいようですが、今すべてを理解しようと思わないで大丈夫です。今後発音変化に出合ったら、このステップに戻って確認してください。発音変化が分からなくても、韓国語の勉強はできますよ！

これで基礎編の復習は完了です。いよいよ初級韓国語の世界へ足を踏み入れましょう！

かくにんドリル

問題1 次の単語の音声を聞き、発音を[ ]内にハングルで書きましょう。 011

① **합격** 合格 [ ]

② **강남역** 江南駅 [ ]

③ **결심** 決心 [ ]

④ **묻히다** 埋まる [ ]

⑤ **물엿** 水あめ [ ]

⑥ **같이** 一緒に [ ]

⑦ **발달** 発達 [ ]

⑧ **식용유** 食用油 [ ]

⑨ **약국** 薬局 [ ]

⑩ **무슨 일** 何事 [ ]

Step 1
総合練習ドリル

問題 次の日本語を、指定の語彙とこれまでに学んだ知識を使って韓国語にしましょう。その際、( )内に指定された文体にしましょう。また、答え合わせ後、文章を声に出して読みましょう。

012

① **韓国語能力試験を受けます。(ヘヨ体)**
韓国語能力試験 **한국어능력시험**、(試験を)受ける **보다**

---

② **朝起きたら、顔を洗います。(ヘヨ体)**
朝 **아침에**、起きる **일어나다**、～したら **-(으)면**、顔を洗う **세수하다**

---

③ **明洞駅で降ります。(ハムニダ体)**
明洞駅 **명동역**、降りる **내리다**

---

④ **このラーメンは熱いです。(ハムニダ体)**
この **이**、ラーメン **라면**、熱い **뜨겁다**

---

⑤ **そのニュースは今日聞きました。(ヘヨ体)**
その **그**、ニュース **뉴스**、今日 **오늘**、聞く **듣다**(ㄷ変則)、～した **-았다/었다**

---

⑥ **ドアが閉まりました。(ハムニダ体)**
ドア **문**、閉まる **닫히다**、～した **-았다/었다**

---

⑦ **光化門の写真を撮りたいです。(ハムニダ体)**
光化門 **광화문**、写真 **사진**、撮る **찍다**、～したい **-고 싶다**

⑧ **この問題は難しくないです。(ハムニダ体)**
この **이**、 問題 **문제**、 難しい **어렵다**、～くない **-지 않다**

⑨ **寒いので窓を閉めます。(ヘヨ体)**
寒い **춥다**(ㅂ変則)、～なので **-(으)니까**、窓 **창문**、閉める **닫다**

⑩ **クーポンを見せてください。**
クーポン **쿠폰**、見せる **보이다**、～してください **-아/어 주세요**

⑪ **この肉は国内産です。(ヘヨ体)**
この **이**、肉 **고기**、国内産 **국내산**、～だ **이다**

⑫ **あの飛行機は釜山行きではありません。(ヘヨ体)**
あの **저**、飛行機 **비행기**、釜山行き **부산행**、～ではない **~가/이 아니다**

⑬ **車がないので、駅まで歩きます。(ヘヨ体)**
車 **차**、ない **없다**、～なので **-(으)니까**、駅 **역**、歩く **걷다**(ㄷ変則)

Kisokan column
キソカンコラム

僕の失敗談①

僕が韓国語を勉強し始めて、2021年６月現在でおよそ13年になろうとしています。今でこそある程度のコミュニケーションを韓国の方と難なく取れますが、勉強を始めたての頃は、それはそれは恥ずかしい思いをたくさんしました。僕の恥ずかしい過去をキソカンコラムで暴露することで、勉強に疲れた皆さまの心が少しでも和んでくれたら幸いです。

とあるSNSで知り合った韓国の方と、実際に初めて会って飲みに行ったときの話です。渋谷にあるお気に入りの焼鳥屋で焼鳥とお酒を堪能した後、そろそろ帰ろうかと店を出て駅に向かっていたのですが、いかんせん渋谷駅は多数の路線が交差しているため、その方が何線に乗るのか分からなかったのです。そこで、「俺は半蔵門線に乗るけど、○○さんは？」と韓国語で聞こうと思いました。しかし困ったことに、相手の名前を失念してしまったのです！　僕は、致し方なく二人称の代名詞を使わざるを得なくなったのです。当時僕のストックにあった二人称代名詞は**그대**(あなた)しかなかったので、迷わず「**그대는**?(あなたは？)」と尋ねました。その瞬間、その方は文字通り腹を抱えて笑ってしまい、もはや歩くこともできないほどでした。僕には、一体何が起きているのか全く理解ができませんでした。

当時歌詞で韓国語を勉強していたので、歌詞に頻繁に登場する「**그대**」という言葉を使ったのですが、実はこの**그대**という言葉は極めて詩的な言葉で、日常の会話ではほとんど使うことはない言葉だったのです！　初めて会った日本人からいきなり甘美な言葉をかけられたその方の心中を察すると、今でも顔から火が出るような思いです。

その方とは今でも付き合いがあることが唯一の救いです。

Step 2

初級韓国語の必須文法

Lesson 10
特殊な発音変化

それではいよいよ、初級編の学習に入っていきましょう！　まずは、基礎編では扱わなかった発音変化について見ていきます。とはいえ、基礎編でもお伝えした通り、発音変化に関しては、嫌になったら飛ばして、後で戻って読んでも構いません。

特殊な連音化 013

連音化は発音変化の基本中の基本ですが、[ㄷ]で発音されるㅅ、ㅈ、ㅊ、ㅌパッチムが連音化する際、注意が必要です。

ㅅ、ㅈ、ㅊ、ㅌパッチムは後ろに助詞などの付属語（1語では意味を持たず、他の語について力を発揮する言葉）が来たときはそのまま連音化します。

옷이 服が ▶ [오시]　밭에서 畑で ▶ [바테서]
낮에 昼に ▶ [나제]　꽃은 花は ▶ [꼬츤]

しかし、ㅅ、ㅈ、ㅊ、ㅌパッチムの次に自立語（1語で意味を持つ言葉）が来ると、連音化はせず、ㅅやㅈパッチムの代表音である[ㄷ]が連音化します。

옷 입어 服着て ▶ [옫] + [이버] ▶ [오디버]
밭 위 畑の上 ▶ [받] + [위] ▶ [바뒤]
몇 월 何月 ▶ [멷] + [월] ▶ [며뒬]

[ㅂ]で発音されるㅍパッチムも、同じ条件で連音化します。

무릎이 膝が(付属語) ▶ [무릎] + [이] ▶ [무르피]
무릎 위 膝の上(自立語) ▶ [무릅] + [위] ▶ [무르뷔]

さまざまな濃音化

基礎編で学習した濃音化以外にも濃音化の起こる条件があるので、確認しておきましょう。

● 用言につく語尾の濃音化 014

語幹末が[ㄴ][ㅁ]で発音されるパッチムの用言に、ㄱ、ㄷ、ㅅ、ㅈ(濃音を持つ平音、ㅂを除く)で始まる語尾がついたとき、それらが濃音化します。

신다 履く ▶ [신따]
앉습니다 座ります ▶ [안씀니다]
젊고 若くて ▶ [점꼬]

● 合成語の濃音化 015

2単語が合わさった合成語で前の単語のパッチムが[ㄴ][ㄹ][ㅁ][ㅇ]で発音され、後ろの単語がㄱ、ㄷ、ㅂ、ㅅ、ㅈ(濃音を持つ平音)で始まるとき、それらが濃音化する場合があります。

손가락 手の指 ▶ [손까락] ※손 手+가락 細長いもの
길거리 道端 ▶ [길꺼리] ※길 道+거리 通り

● 漢字語の濃音化 016

特定の漢字を使用した漢字語で濃音化が起こることがあります。濃音化が起こることがある代表的な漢字語に**자**(字)、**병**(病)、**성**(性)、**점**(点)、**과**(科)、**건**(件)などがあります。

한자	漢字	▶ [한짜]	문자	文字	▶ [문짜]
심장병	心臓病	▶ [심장뼝]	피부병	皮膚病	▶ [피부뼝]
가능성	可能性	▶ [가능썽]	사회성	社会性	▶ [사회썽]
문제점	問題点	▶ [문제쩜]	장점	長所	▶ [장쩜]
내과	内科	▶ [내꽈]	국어과	国語科	▶ [구거꽈]
조건	条件	▶ [조껀]	사건	事件	▶ [사껀]

同じ漢字でも濃音化しない場合があり、これらは都度覚えていくしかありません。まずはさまざまな条件で濃音化が起こる可能性があるということだけ覚えておいてください。

濃音化の条件は他にもまだありますが、学習を進めながらその条件に出合った際にご説明いたします！

かくにんドリル

問題1　次の韓国語の音声を聞き、発音を[　]内にハングルで書きましょう。 017

① **끝은** 終わりは　[　　　]

② **끝없다** 限りない　[　　　]
(끝 終わり、없다 ない)

③ **삶다** ゆでる　[　　　]

④ **안고** 抱いて　[　　　]

⑤ **남지 않다** 残らない　[　　　]

⑥ **눈동자** 瞳　[　　　]
(눈 目、동자 瞳孔)

⑦ **밀가루** 小麦粉　[　　　]
(밀 小麦、가루 粉)

⑧ **산길** 山道　[　　　]
(산 山、길 道)

⑨ **용건** 用件　[　　　]

⑩ **영문과** 英文科　[　　　]

Lesson 11

分かち書き

「分かち書き」という言葉は覚えているでしょうか？　韓国語を表記する際、単語同士を詰めて書かず間を空けて書きますが、これを分かち書き(**띄어쓰기**)と言います。分かち書きはネイティブでも間違えるくらい複雑です。「ネイティブでも間違えるようなことできっこない……」と思われるかもしれませんが、裏を返せば、分かち書きを間違えたからといって、意味が通じないなどの致命的な影響はないということです。ですから、分かち書きのすべてをマスターしようとせず、最低限の知識だけを覚えましょう。

ではここから、分かち書きの最低限のルールをご紹介いたします。これはこの後、語尾表現を扱うステップ3でも生かされる内容なので、現段階でぜひ覚えておきましょう！

文節

文節とは、文章を意味が分かる範囲で最も小さく区切ったもののことです。小学校や中学校で、「『ね』で区切る」というのを聞いたことがある方もいらっしゃると思いますが、それがまさに文節の考え方です。文節は「意味が通じる」というのが条件なので、付属語だけ、あるいは付属語から始まる文節はあり得ません。必ず自立語が文節の最初に来ます。要は、「自立語から次の自立語までが一つの文節」ということです。

私は**大学生**の**とき** **韓国語**の**勉強**を**始め**ました。
名詞　名詞　名詞　名詞　名詞　動詞

上の例だと、自立語は「私」「大学生」「とき」「韓国語」「勉強」「始める」なので、文節に分けると「私は／大学生の／とき／韓国語の／勉強を／始めました」となります。このスラッシュで間を空けると、韓国語の分かち書きになります。これが最低限知っておくべきルールです。

저는 대학생 때 한국어 공부를 시작했어요.
私は　大学生(の)　とき　韓国語(の)　勉強を　始めました。

では次に、一見自立語かどうか迷う名詞があるので、ご紹介します。

依存名詞

依存名詞とは、「単体では意味が弱いけれど、それを修飾する言葉がつくことで意味が明確になる名詞」のことです。例えば「酒を飲むことが好きだ」の「こと」がそれにあたります。「こと」だけだと「何のこと？」って思いますよね。それが「単体では意味が弱い」という意味です。しかし「酒を飲む」が前につくことで、意味が明らかになります。

単体では意味が弱いことから付属語と勘違いしてしまいがちですが、名詞なので自立語です。だから、依存名詞の前は分かち書きをします。韓国語では**것**(こと、もの)、**등**(など)、また単位を表す**년**(年)、**개**(個)などの助数詞も依存名詞です。

내 것 私のもの　　**귤, 사과 등** ミカン、リンゴなど
이천이십 년 2020年　　**한 개** 1個

ただし、助数詞の場合、前の数字を算用数字で表記する場合は、**2020년**、**1개**のように、分かち書きしなくても構いません。

固有名詞

固有名詞とは、名詞の中でも具体的な、人の名前や会社の名前、地名などのことです。「固有の名詞」ということなので、固有名詞を聞いたときには、特定の人やものしか思い浮かべられないはずです。例えば「会社」と言われると、あれもこれも思いつくはずです。このようなものは「一般名詞」と呼ばれます(この言葉は覚えなくて結構です！)。それに対して「HANA」と言われたら、「韓国語関係の本を専門に扱う、あの会社」と具体的に一つのものをイメージできます。つまり、「HANA」は固有名詞、ということになります。

固有名詞を韓国語で書くときに気をつけるのは、人の名前の後につく「さん、様」などの敬称や「社長」などの役職名は分かち書きするということです。

● 人の名前と敬称、役職は分かち書き

김태희 씨 キム・テヒさん　**박 사장님** パク社長

● 学校名や会社の名前などは基本的に分かち書きをしますが、離さないことも慣用的表現として許容されています。

서울 대학교　**서울대학교** ソウル大学
아시아나 항공　**아시아나항공** アシアナ航空

かくにんドリル

問題 1 次の文の、文節の切れ目にスラッシュを入れましょう。

① 皆さまはこのステップから新たな一歩を踏み出しました。
② 知らなかったことが分かってくるのは、とても楽しいです。
③ でも完璧さを求めず、楽しみながらページをめくってください。
④ この一冊をやり終えた頃には、韓国語の力がかなりついているはずです。
⑤ 韓国語を駆使するご自身を思い浮かべながら、学習を進めていってください。

問題 2 次の単語の中から、依存名詞を全て選び丸をつけましょう。

① 등 など　② 개 個　③ 학교 学校　④ 병 瓶　⑤ 책 本
⑥ 것 もの　⑦ 고기 肉　⑧ 마리 匹　⑨ 층 階　⑩ 년 年

問題 3 次の単語の中から、固有名詞を全て選び丸をつけましょう。

① 中国　② 学校　③ 日本　④ ソウル　⑤ 秋山卓澄
⑥ 書籍　⑦ 人　⑧ 弘益大学校　⑨ 都市

Lesson 12 連体形とは

さて、次は初級編の学習の軸となる**連体形**について学んでいきましょう。

連体形の「連体」とは「体言に連なる」という意味です。体言とはすなわち「名詞」のことなので、連体形とは「名詞につながる形」ということになります。例えば日本語で「きれいだ」という形容詞を「花」という名詞につなげる場合、「きれいな花」となります。つまり、この「きれいな」の部分は、形容詞の連体形と言えます。

きれいだ ＋ 花 ＝ きれいな花

他にも「歩く犬」や「かわいい猫」などの「歩く」や「かわいい」も連体形です。日本語の場合、用言の辞書形（終止形、言い切る形）と連体形は同じ形をしているものが多く分かりづらいので、きちんと「連体形＝名詞につながる形」という概念を覚えておきましょう。

歩く ＋ 犬 ＝ 歩く犬
かわいい ＋ 猫 ＝ かわいい猫

では、先ほど例に挙げた「きれいな花」を韓国語で表してみます。

「きれいだ」は**예쁘다**、「花」は**꽃**です。これをただつなげて**예쁘다 꽃**としても「きれいだ」の部分が辞書形のままなので、「きれいだ、花」とただ単語を二つ並べただけの状態であり、連体形とは言えません。

これを連体形にするには、連体形であることを表す連体形語尾を、用言の語幹につける必要があります。詳しくは後ほどご説明いたしますが、「きれいな花」にする場合、**예쁘다**の語幹**예쁘**に、連体形語尾**-ㄴ**をつけて**예쁜 꽃**とすることで、「きれいな花」を表すことができるのです。

예쁘다 + -ㄴ + 꽃 ▶ 예쁜 꽃 きれいな花

さて、同じ要領で「走る犬」を作ってみましょう。「走る」は**뛰다**、「犬」は**강아지**なので、そのまま**뛰다 강아지**では「走る、犬」という状態ですよね。これを「走る犬」とするには同じように用言の語幹に、先ほどの連体形語尾**-ㄴ**をつけて……とはいかないのです！　先ほどの**예쁘다**は形容詞でしたが、今回の**뛰다**は動詞です。用言が動詞の場合は、動詞につける連体形語尾があります。つまり、連体形を作るには品詞が何かを考える必要があるのです。先ほどの**-ㄴ**は形容詞につく連体形語尾で、動詞には**-는**がつきます。

뛰다 + -는 + 강아지 ▶ 뛰는 강아지 走る犬

韓国語の連体形語尾は、品詞によってつける形が異なるということをまずは覚えてください！

さらに、連体形には「現在」「未来」「過去」の三つの時制があります。日本語で考えると、以下のようになります。

〈現在〉　走る犬
〈未来〉　走る(であろう)犬
〈過去〉　走った犬

それぞれ、〈現在〉の連体形は今まさに走っているということや走る習慣があるということ、〈未来〉の連体形はこれから走るということ、〈過去〉の連体形は昔走ったということを表しています。そして韓国語には、これらの時制ごとの連体形語尾があります。これからそれをじっくり学習していきますが、まずは韓国語の連体形語尾は

- □ **用言の品詞によってつける形が異なる**
- □ **「現在」「未来」「過去」の時制によってつける形が異なる**

ということを覚えておいてください！　この後のレッスンで連体形をゆっくり丁寧にご説明するので、慌てずに一つひとつ理解していってくださいね。

ここから初級韓国語の学習が本格的に始まります！一緒に頑張りましょう！

かくにんドリル

問題1　次の文中で、連体形が含まれている部分に下線を引きましょう。

① 基礎で　扱った　内容は　思い出しましたか？

② 発音変化が　分からなくても、 学習を　進める　ことは　できます。

③ 思い切って　ページを　めくる　勇気を　持って　ください。

④ 文法用語を　知って　おくと、 のちのち　役に　立つ　日が　来ます。

⑤ ハングルが　読めなかった　頃に　比べたら、 とてつもなく　成長して　いると　思いませんか？

問題2　次の言葉を、連体形を用いてつないでみましょう。

① 勉強する ＋ 部屋

② 横柄だ ＋ 態度

③ 思いがけない ＋ 出来事

④ おいしそうだ ＋ 肉

⑤ 驚異的だ ＋ 速度

Lesson 13

現在連体形

韓国語の連体形語尾には「現在」「未来」「過去」の三つの時制があると前のレッスンで言いましたが、ここでは「現在」を表す連体形の作り方を学びましょう。

現在連体形

現在連体形は「今○○している[名詞]」や「よく○○する[名詞]」というニュアンスを表します。品詞ごとに作り方を見ていきましょう。

動詞

動詞を現在連体形にする場合、語幹末にパッチムがあってもなくても**-는**をつけるだけです(直接型の語尾、P.024)。ただし、**ㄹ**語幹用言の場合、**-는**は**ㄴ**で始まる語尾なので**ㄹ**を取って**-는**をつけます(P.036)。例文は連体形に続く名詞を入れた形で見ていきましょう。

動詞語幹 + -는

좋아하다 好む + **-는** ▶ **좋아하는 가수** 好きな(好む)歌手
읽다 読む + **-는** ▶ **읽는 책** 読む本
울다 泣く + **-는** ▶ **우는 사람** 泣く人(ㄹ語幹)

形容詞

形容詞を現在連体形にする場合、語幹末にパッチムがない場合は**-ㄴ**、パッチムがある場合は**으**を挟んだ**-은**をつけます(**으**型の語尾、P.026)。**ㄹ**語幹用言や、**으**型の語尾をつけると起こる変則活用に注意しましょう(P.028)。

形容詞語幹 + -(으)ㄴ

예쁘다 かわいい + -ㄴ ▶ 예쁜 옷 かわいい服
깊다 深い + -은 ▶ 깊은 바다 深い海
두껍다 厚い + -ㄴ ▶ 두꺼운 책 厚い本(ㅂ変則)
달다 甘い + -ㄴ ▶ 단 포도 甘いブドウ(ㄹ語幹)

存在詞

存在詞**있다**、**없다**を現在連体形にする場合、動詞同様に語幹に**-는**をつけるだけです(直接型の語尾)。なお、**멋있다**(かっこいい)や**맛없다**(おいしくない)などの、存在詞から派生した用言も同じです。

存在詞語幹 + -는

있다 ある・いる + -는 ▶ 있는 동안 いる間
없다 ない・いない + -는 ▶ 없는 시간 いない時間
맛있다 おいしい + -는 ▶ 맛있는 소주 おいしい焼酎

指定詞

指定詞の**이다**、**아니다**を現在連体形にする場合、語幹に**-(으)ㄴ**をつけます(**으**型の語尾)。しかし、実際には**이다**、**아니다**の語幹末にパッチムがないので、**-ㄴ**をつけると覚えれば良いでしょう。

指定詞語幹 ＋ -(으)ㄴ

회사원이다 会社員だ **＋ -ㄴ**

▶ **회사원인 아버지** 会社員である父

동창이 아니다 同級生ではない **＋ -ㄴ**

▶ **동창이 아닌 사람** 同級生ではない人

このように現在連体形をは品詞によってつける語尾が異なります。整理すると次のようになります。現在連体形を作るためにさまざまな条件を考慮することは、未来連体形や過去連体形にも生かされます。ぜひ覚えておきましょう！

品詞	現在連体形語尾
動詞	-는
形容詞	-(으)ㄴ
存在詞	-는
指定詞	-(으)ㄴ

かくにんドリル

問題 1　現在連体形を用いて、前後の言葉をつなげてみましょう。

① **맛있다** おいしい ＋ **김치** キムチ

② **넓다** 広い ＋ **개찰구** 改札口

③ **많다** 多い ＋ **사람** 人

④ **다니다** 通う ＋ **학교** 学校

⑤ **가수가 아니다** 歌手ではない ＋ **배우** 俳優

⑥ **걷다** 歩く ＋ **시간** 時間

⑦ **보내다** 送る ＋ **편지** 手紙

⑧ **재미없다** つまらない ＋ **영화** 映画

未来連体形

未来連体形は「これから○○する[名詞]」や、「○○であろう[名詞]」というニュアンスを表します。

用言を未来連体形にする場合、品詞にかかわらず、語幹末にパッチムがない場合は-ㄹ、パッチムがある場合は으を挟んだ-을をつけます(으型の語尾)。으型の語尾をつけると起こる変則活用に注意しましょう(P.028)。特にㄹ語幹用言の場合、ㄹパッチムを取って未来連体形語尾である-ㄹをつけるため、一見語尾がついていないように見えます。

語幹 + -(으)ㄹ

가다 行く + -ㄹ ▶ 갈 예정 行く予定
먹다 食べる + -을 ▶ 먹을 것 食べるもの
팔다 売る + -ㄹ ▶ 팔 집 売る家(ㄹ語幹)
덥다 暑い + -을 ▶ 더울 가능성 暑い可能性(ㅂ変則)
많다 多い + -을 ▶ 많을 때 多いとき
없다 ない + -을 ▶ 없을 경우 ない場合
학생이다 学生だ + -ㄹ ▶ 학생일 경우 学生である場合

なお、現在連体形と未来連体形は、日本語に訳す際に同じ訳し方をせざるを得ません。ですので、自分が言おうとしている時制が「現在」「未来」のどちらなのか、しっかり見極めて使うようにしましょう。

가는 곳 行く所　※現在向かっている
갈 곳 行く所　※これから向かおうとしている

未来連体形の濃音化

レッスン10でさまざまな濃音化について学んだ際、まだ他の濃音化の条件があると言いました(P.053)。その一つがこの未来連体形に関する発音変化です。

未来連体形語尾**-(으) ㄹ**の直後に来る名詞が**ㄱ**、**ㄷ**、**ㅂ**、**ㅅ**、**ㅈ**(濃音を持つ平音)で始まると、それらが濃音化します。

먹을 것 食べるもの ▶ [머글 껃]
갈 데 行く所 ▶ [갈 떼]
할 정도 する程度 ▶ [할 쩡도]

まとめると、未来連体形は用言の品詞がなんであれ、語幹末にパッチムがない場合は-ㄹ、パッチムがある場合は-을をつけます。

未来連体形語尾	
用言	-(으)ㄹ

ただし、注意することが二つありましたね。

□ 現在連体形と未来連体形は、日本語に訳す際に同じ訳し方になるので、自分が言おうとしている時制が「現在」「未来」どちらなのか、しっかり見極めて使う。

□ 으型の語尾によって起こる発音変化に注意する。

□ 未来連体形語尾の直後に来る名詞がㄱ、ㄷ、ㅂ、ㅅ、ㅈの場合、それらが濃音化する。

未来連体形ならではの注意点に気をつけながら、現在連体形と未来連体形をしっかり区別して覚えましょう！

次は過去連体形を学びます。
この調子で進めていきましょう！

かくにんドリル

問題 1　未来連体形を用いて、前後の言葉をつなげてみましょう。

① **사다** 買う ＋ **것** もの

② **오다** 来る ＋ **사람** 人

③ **없다** ない ＋ **때** とき

④ **쓰러지다** 倒れる ＋ **나무** 木

⑤ **공부하다** 勉強する ＋ **과목** 科目

⑥ **사장이 되다** 社長になる ＋ **사람** 人

⑦ **범인이다** 犯人だ ＋ **가능성** 可能性

⑧ **닿다** 触れる ＋ **거리** 距離

Lesson 15
過去連体形

過去を表す連体形は、「○○した[名詞]」や「○○だった[名詞]」というニュアンスを表します。ただし、「近い過去の、ある一時点でそうした」「昔よくそうしていた（今はそうしていない）」「遠い過去の、ある一時点でそうした」などさまざまな種類の語尾があります。これから一つひとつご説明していきますが、ある程度慣れも必要なので、どんどん使いながら体得していただければと思います。

近い点的過去

近い点的過去は、「近い過去の、ある一時点でそうした」というニュアンスを表します。動詞のみで使われます。語幹末にパッチムがない場合は-ㄴ、パッチムがある場合は으を挟んだ-은をつけます（으型の語尾）。으型の語尾をつけると起こる変則活用に注意しましょう（P.028）。

動詞語幹 + -(으)ㄴ

떠나다 去る ＋ -ㄴ ▶ 떠난 집 去った家
닫다 閉じる ＋ -은 ▶ 닫은 문 閉じた門
짓다 建てる ＋ -ㄴ ▶ 지은 집 建てた家（ㅅ変則）

完了的過去

完了的過去は、「昔よくそうしていた、そうだった（今はそうしていない、そうではない）」というニュアンスを表します。すべての品詞で作り方は同じで、語幹末にパッチムがあってもなくても、語幹に**-던**をつけます（直接型の語尾）。

語幹 ＋ -던

다니다 通う ＋ **-던** ▶ **다니던 학교** 通っていた学校
착하다 優しい ＋ **-던** ▶ **착하던 사람** 優しかった人

また、この**-던**には「動作を中断し、中断した状態が続いている」という「〇〇しかけの［名詞］」という意味もあります。

읽다 読む ＋ **-던** ▶ **읽던 책** 読みかけの本

遠い点的過去

遠い点的過去は、「遠い過去のある一時点でそうした、そうだった」というニュアンスを表します。これもすべての品詞で作り方は同じで、陽母音語幹には**-았던**、陰母音語幹には**-었던**をつけます（**아**／**어**型の語尾）。**아**／**어**型の語尾をつけると起こる変則活用に注意しましょう（P.028）。

語幹 ＋ -았던／었던

타다 乗る ＋ -았던 ▶ 탔던 차 乗った車
학생이다 学生だ ＋ -었던 ▶ 학생이었던 딸 学生だった娘

ただし、指定詞**이다**の前に来る名詞最後の文字にパッチムがない場合、**이었던**ではなく、**였던**となります。

〈パッチムなし名詞〉 **의사였던 아버지** 医者だった父
〈パッチムあり名詞〉 **학생이었던 시절** 学生だった頃

このように過去連体形は品詞によってつける語尾を変える必要はありませんが、どの時点の過去の話をしたいのかによって使用する語尾が異なります。整理すると次のようになります。

過去連体形語尾			
	近い点的過去	完了的過去	遠い点的過去
用言	-(으)ㄴ (動詞のみ)	-던	-았던 / 었던

〈近い点的過去〉 **어제 회식에서 먹은 고기가 맛있었어요.**
昨日、会食で食べた肉がおいしかったです。
※食べたという過去の単純な事実を述べる。

〈完了的過去〉 **옛날에 자주 먹던 고기가 생각나요.**
昔よく食べていた肉が思い出されます。
※昔習慣的に食べていたが、今は食べていない。

〈遠い点的過去〉 **10년 전에 제주도에서 먹었던 고기가 생각나요.**
10年前済州島で食べた肉が思い出されます。
※遠い過去の時点で食べた。

かくにんドリル

問題 1　次の用言を、それぞれⒶ近い点的過去、Ⓑ完了的過去、Ⓒ遠い点的過去のパターンにしてみましょう。なお動詞でない場合は、「近い点的過去」の欄に×を書きましょう。

① **가다** 行く

Ⓐ　　Ⓑ　　Ⓒ

② **알다** 分かる

Ⓐ　　Ⓑ　　Ⓒ

③ **서다** 立つ

Ⓐ　　Ⓑ　　Ⓒ

④ **지내다** 過ごす

Ⓐ　　Ⓑ　　Ⓒ

⑤ **멋있다** かっこいい

Ⓐ　　Ⓑ　　Ⓒ

⑥ **아니다** ～(では)ない

Ⓐ　　Ⓑ　　Ⓒ

⑦ **느리다** 遅い

Ⓐ　　Ⓑ　　Ⓒ

Lesson 16
連体形のまとめ

ここまで見てきた連体形を表にまとめました。頭の中を整理しましょう！

	現在	未来	過去		
			近い点的	完了的	遠い点的
動詞	-는	-(으)ㄹ	-(으)ㄴ	-던	-았던/었던
形容詞	-(으)ㄴ	-(으)ㄹ		-던	-았던/었던
存在詞	있는 없는	있을 없을		있던 없던	있었던 없었던
指定詞	인 아닌	일 아닐		이던 아니던	이었던(였던) 아니었던

連体形を作るときは、次の３点に気をつけましょう。

①品詞を見極める

②伝えたい時制を考える

・現在と未来の違い

・過去はどの時点の話をしたいのか

③変則活用用言に注意する

・**아**/**어**型、**으**型の語尾をつけると起こる変則活用に注意

このように一覧で見比べると、「形容詞の現在連体形」の語尾と「動詞の近い点的過去連体形」の語尾がどちらも**-(으)ㄴ**だということが分かると思います。だから品詞や時制を考えることがとても大切なのです。

〈現在、形容詞〉

비싼 야채 高い野菜
작은 가방 小さいかばん

〈近い点的過去、動詞〉

산 옷 買った服
먹은 고기 食べた肉

また、こんな例もあります。**낫다**という**ㅅ**変則活用用言には、動詞の「治る」と形容詞の「より良い」という同音異義語があります。これらは同じ**낫다**でも品詞が違うため、同じ時制の連体形を作るにしても、つける語尾の形が変わります。

〈現在連体形〉

낫다 治る **+ -는 ▶ 낫는**
낫다 より良い **+ -은 ▶ 나은**

〈近い点的過去連体形〉

낫다 治る **+ -은 ▶ 나은**
낫다 より良い ※形容詞なので近い点的過去の-(으)ㄴはつけられない

繰り返しになりますが連体形を作るには変則活用はもちろん、品詞、時制が何であるかにも注意する必要があります。ですから初めのうちは、ゆっくりで構わないので一つひとつ冷静に考えながら、連体形を作る習慣をつけましょう！

もう一つ、連体形の学習の最後に覚えていただきたいことがあります。

갈 때(行くとき)、**먹을 때**(食べるとき)など、未来連体形とよく使われる**때**(とき)に関することです。「〜するとき」のように未来のことを言う場合は問題ないのですが、「〜したとき」と言いたい場合、どのように作るのでしょうか？

このとき、思わず過去連体形の語尾をつけて**간 때**、**먹은 때**としてしまいそうなところですが、過去を表す**-았다**/**었다**に未来連体形の語尾をつけた、**-았을**/**었을**を使います。

가다 行く **+ -았을** ▶ **갔을 때** 行ったとき

먹다 食べる **+ -었을** ▶ **먹었을 때** 食べたとき

いろいろと覚えることも多く複雑な連体形ですが、連体形は名詞を修飾するので、連体形を覚えると例えば

어제 간 가게에 머리가 긴 점원이 있었어요.
昨日 行った 店に 髪の 長い 店員が いました

のように複雑な表現ができるようになります。また、この次のステップで学ぶ語尾表現の学習が圧倒的に楽になります。一度読んだだけではマスターし切れない部分もあると思うので、何度も読み返して、しっかりモノにしましょう！

かくにんドリル

問題 1　次の日本語を、指定された文体の韓国語にしてみましょう。

① **苦いコーヒーを飲みます。(ハムニダ体)**

쓰다 苦い、**커피** コーヒー、**마시다** 飲む

② **友達が書いた手紙を読みます。(へヨ体)**

친구 友達、**쓰다** 書く、**편지** 手紙、**읽다** 読む

③ **幼かったとき、人気があった歌手です。(へヨ体)**

어리다 幼い、**때** とき、**인기 있다** 人気がある、**가수** 歌手

④ **有名な弁護士である友達がいます。(ハムニダ体)**

유명하다 有名だ、**변호사** 弁護士、**이다** ～だ、**친구** 友達、**있다** いる

⑤ **愛する人が働く姿はかっこいいです。(へヨ体)**

사랑하다 愛する、**사람** 人、**일하다** 働く、**모습** 姿、**멋있다** かっこいい

Lesson 17 日韓の敬語について

韓国は日本以上に上下関係に気を使う国です。不用意に目上の人に対してぞんざいな話し方をしてしまうと、周りが凍りつくような状況にもなりかねません。ですので、初級の段階でシーンに応じた話し方を理解しておくと、今後の学習の心強い土台となってくれることでしょう。

日本語と韓国語の敬語体系は異なる部分もありますが、基本的な考え方は同じなので、まずは日本語の敬語の仕組みを確認しておきましょう。

日本語の敬語

日本語の敬語には大きく分けて「尊敬語」「謙譲語」「丁寧語」の３種類あります。それぞれ誰に対する敬意を表すのかを見ていきましょう。

尊敬語 … 動作をする人、その状態にある人を敬う言葉。
例）お～なる、いらっしゃる、召し上がる

謙譲語 … 動作をされる人を敬う言葉。
例）お～する、差し上げる、申し上げる

丁寧語 … 話の聞き手を敬う言葉。
例）～です、～ます

これらはすべて、「その言葉を発した人」からの敬意を表します。

例えば「先生が生徒をお褒めになりました」という文があったとしましょう。「お褒めになる」というのは尊敬語ですから、「褒める」という「動作をする人」に対する敬意を表しています。この場合「先生」ですので、敬意の対象は「先生」となります。

ちなみに「誰からの敬意か」というと「『先生が生徒をお褒めになりました』という言葉を発した人」で、「生徒からの敬意」ではないことに気をつけてください。

自分が敬語表現を使いたいときも、誰に対する敬意なのかをまず考えます。例えば「プレゼントを先生に渡す」という文の場合、「先生」に対して敬語を使うべきです。「先生」はプレゼントを「渡される」立場なので、「動作をされる人」にあたります。ですので「渡す」を謙譲表現にし、「先生にプレゼントをお渡しする」とします。

敬語を使うべき対象が複数人いた場合、尊敬語と丁寧語など、複数の敬語を組み合わせて使うこともあります(二方向への敬意)。

例えば生徒が先生に「ご高齢の方に席をお譲りしました」と言ったとします。この場合「お譲りする」と「～ました」の部分で敬語が使われています。「お譲りする」は謙譲語ですので、「譲る」という「動作をされる人」への敬意を表しています。この場合は「ご高齢の方」です。そして「～ました」は丁寧語なので、今生徒の話を聞いている人への敬意を表します。つまり「先生」への敬意を表していることになります。

これまでの説明を、図で確認しておきましょう。表現者が誰に対しての敬意を表すのかにより「尊敬語」「謙譲語」「丁寧語」を使い分ける必要があるということです。

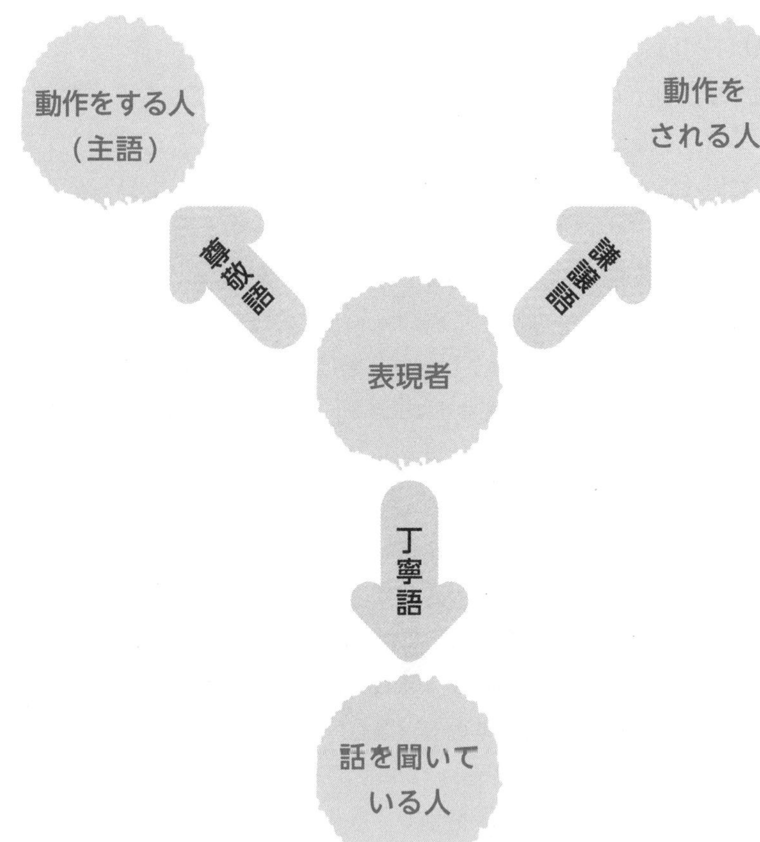

かくにんドリル

問題 1　次の文の下線部は、誰から誰への敬意を表したものでしょうか？ 適切なものを下の選択肢から選びましょう。

① **師匠、そちら私がお持ちします。**

誰から＿＿＿＿＿＿＿＿　誰へ＿＿＿＿＿＿＿＿

② **田中社長、佐藤商事の佐藤さんは今席をお外しになっています。**

誰から＿＿＿＿＿＿＿＿　誰へ＿＿＿＿＿＿＿＿

③ **田中社長、佐藤商事の佐藤さんは今席をお外しになっています。**

誰から＿＿＿＿＿＿＿＿　誰へ＿＿＿＿＿＿＿＿

④ **先生、私の父が「これを先生にお渡ししなさい」と言っていました。**

誰から＿＿＿＿＿＿＿＿　誰へ＿＿＿＿＿＿＿＿

⑤ **先生、私の父が「これを先生にお渡ししなさい」と言っていました。**

誰から＿＿＿＿＿＿＿＿　誰へ＿＿＿＿＿＿＿＿

ア　先生　**イ**　師匠　**ウ**　私（表現者）　**エ**　田中社長
オ　父　**カ**　佐藤さん

韓国語の敬語にも、日本語と同じく「尊敬語」「謙譲語」「丁寧語」の３種類があります。基礎の段階で学習済みのハムニダ体とヘヨ体が、聞き手への敬意を表す丁寧語にあたります。このレッスンではまず、尊敬語の作り方を学んでいきましょう。

用言を尊敬語にする場合、尊敬を表す表現**-(으)시다**を用言の語幹につけます。語幹末にパッチムがなければ**-시다**、パッチムがあれば間に**으**を挟みます。

語幹 + -(으)시다

가다 行く + **-시다** ▶ **가시다** お行きになる
읽다 読む + **-으시다** ▶ **읽으시다** お読みになる

この**-(으)시다**は**으**型の語尾です。よって、特定の変則用言についたときに変則活用(P.028)します。変則活用に不安がある方はもちろん、「もう分かってるよ！」という方も一応確認しておきましょう。何度も何度も確認することで、確かな知識として定着するはずです！

〈ㅂ変則用言〉

아름답다 美しい ＋ -시다 ▶ 아름다우시다 お美しい
가깝다 近い ＋ -시다 ▶ 가까우시다 お近い

〈ㄷ変則用言〉

듣다 聞く ＋ -으시다 ▶ 들으시다 お聞きになる
걷다 歩く ＋ -으시다 ▶ 걸으시다 お歩きになる

〈ㅅ変則用言〉

낫다 治る ＋ -으시다 ▶ 나으시다 お治りになる
잇다 結ぶ ＋ -으시다 ▶ 이으시다 お結びになる

〈ㅎ変則用言〉

빨갛다 赤い ＋ -시다 ▶ 빨가시다 赤くいらっしゃる
그렇다 そうだ ＋ -시다 ▶ 그러시다 そのようでいらっしゃる

〈ㄹ語幹用言〉

살다 住む ＋ -시다 ▶ 사시다 お住みになる
걸다 掛ける ＋ -시다 ▶ 거시다 お掛けになる

なぜその形になるのか分からなかった変則活用は、さかのぼって確認しましょう！

さて、日本語で「食べる」が「召し上がる」となるように、韓国語にも尊敬の意味をもつ用言が別途あるものもあります。代表的な例を以下に挙げておきます。

자다 寝る ▶ **주무시다** お休みになる
먹다 食べる ▶ **드시다、잡수시다** 召し上がる
※**잡수시다**は、**드시다**よりもより尊敬の度合いが強い。
말하다 言う ▶ **말씀하시다** おっしゃる
죽다 死ぬ ▶ **돌아가시다** 亡くなる
아프다 具合が悪い ▶ **편찮으시다** 具合がよろしくない
있다 いる ▶ **계시다** いらっしゃる

物のある・なしを目上の人に話す場合は**있으시다**（おありだ）を使います。ここで**계시다**を使うと、物に対して敬意を払っていることになってしまうので注意してください！

○ **신분증이 있으시다** 身分証がおありだ
× **신분증이 계시다**

かくにんドリル

問題 1　次の用言を尊敬語にしましょう。

① **다치다** けがをする ______

② **오다** 来る ______

③ **잡다** つかむ ______

④ **늙다** 老いる ______

⑤ **있다** ある ______

⑥ **눕다** 横たわる ______

⑦ **걷다** 歩く ______

⑧ **짓다** 建てる ______

⑨ **이렇다** こうだ ______

⑩ **알다** 分かる ______

問題 2　次の用言と、尊敬の意味を持つ同じ用言を線で結びましょう。

① **죽다** 死ぬ ・	・ **편찮으시다**
② **있다** いる ・	・ **계시다**
③ **자다** 寝る ・	・ **주무시다**
④ **말하다** 言う ・	・ **돌아가시다**
⑤ **아프다** 具合が悪い ・	・ **말씀하시다**

Lesson 19

尊敬語の作り方②

さて、前のレッスンで学んだ**-(으)시다**の形は、いわば尊敬語の辞書形です。これをヘヨ体やハムニダ体にしてみましょう。

尊敬語のヘヨ体

尊敬を表す語尾**-(으)시다**のヘヨ体は**-(으)세요**です。語幹末にパッチムがなければ**-세요**、パッチムがあれば**으**を挟んだ**-으세요**をつけます(**으**型の語尾)。

語幹 + -(으)세요

가다 行く + **-세요** ▶ **가세요** お行きになります
읽다 読む + **-으세요** ▶ **읽으세요** お読みになります

ただし、「パッチムのない名詞＋指定詞**이다**」の場合、名詞に直接**-세요**をつけます。**이세요**とはならないので注意しましょう。

배우세요 俳優でいらっしゃいます　× **배우이세요**

尊敬の意味をもつ用言（P.086）も同様に、**-시다**の部分を**-세요**にすればOKです。

드시다 召し上がる ▶ **드세요** 召し上がります
계시다 いらっしゃる ▶ **계세요** いらっしゃいます

ちなみにあいさつで使う**안녕하세요**や、「さようなら」の意味の**안녕히 가세요/계세요**は、実はこの尊敬語のヘヨ体だったのです！　そう考えると、尊敬語がいかに日常的に使われているのか、実感が湧くのではないでしょうか。

なおヘヨ体なので、語尾を上げると動作をする人や、その状態にある人を敬いながら質問する意味としても使えます。

서울에서 사세요. ソウルに住んでいらっしゃいます。
서울에서 사세요？ ソウルに住んでいらっしゃいますか？

복숭아를 좋아하세요. 桃がお好きでいらっしゃいます。
복숭아를 좋아하세요？ 桃がお好きでいらっしゃいますか？

애인이 있으세요. 恋人がいらっしゃいます。
애인이 있으세요？ 恋人がいらっしゃいますか？

また、**-(으)세요**には、丁寧に依頼をするニュアンスもあります。ステップ1 (P.025) で学んだ**-아/어 주세요**(〜してください)は**주다**(くれる)に**-세요**がついた**주세요**(ください)だったのです。

이쪽으로 오세요. こちらに来てください。
한국어를 가르쳐 주세요. 韓国語を教えてください。

尊敬語のハムニダ体

尊敬を表す語尾**-(으)시다**にハムニダ体の語尾**-ㅂ니다**をつけ、**-(으)십니다**となります。尊敬の意味をもつ用言も同様です。なお、疑問文の場合は、**-ㅂ니까?** (〜しますか?、〜いですか?)をつけて、**-(으)십니까?**となります。

기다리다 待つ ＋ **-십니다**
▶ **기다리십니다** お待ちになります

멋있다 かっこいい ＋ **-으십니다**
▶ **멋있으십니다** かっこよくあられます

알다 知る ＋ **-십니다** ▶ **아십니다** ご存じです(ㄹ語幹)

드시다 召し上がる ＋ **-ㅂ니다**
▶ **드십니다** 召し上がります

하다 する ＋ **-십니까?** ▶ **하십니까?** なさいますか?

かくにんドリル

問題 1　次の用言を、それぞれ尊敬語のヘヨ体とハムニダ体にしましょう。

	ヘヨ体	ハムニダ体
① **기다리다** 待つ		
② **울다** 泣く		
③ **모르다** 知らない		
④ **떠나다** 去る		
⑤ **바쁘다** 忙しい		
⑥ **가볍다** 軽い		
⑦ **출발하다** 出発する		
⑧ **앉다** 座る		

このレッスンでは謙譲語の作り方を学んでいきましょう。謙譲語は動作をされる人を敬う言葉なので、動詞でしか使えません。

動詞を謙譲語にする場合、**드리다**(差し上げる)を使います。日本語で「差し上げる」が「教えて差し上げる」のように動詞につけて使えるように、韓国語の**드리다**も動詞と組み合わせて使えます。その際、動詞の語幹に**-아/어**をつけ、**드리다**を続けます(**아/어**型の語尾)。

動詞語幹 + -아/어 드리다

사다 買う + **-아 드리다**
▶ **사 드리다** 買って差し上げる

가르치다 教える + **-어 드리다**
▶ **가르쳐 드리다** 教えて差し上げる

-아/어 드리다は辞書形なので、尊敬語同様、これをヘヨ体やハムニダ体にしてみましょう。

謙譲語のヘヨ体

드리다の語幹に、ヘヨ体の語尾**-어요**を付けて、**-아/어 드려요**となります。

팔다 売る ＋ **-아 드려요**
▶ **팔아 드려요** 売って差し上げます

알리다 知らせる ＋ **-어 드려요**
▶ **알려 드려요** 知らせて差し上げます

謙譲語のハムニダ体

드리다の語幹に、ハムニダ体の語尾**-ㅂ니다**をつけて、**-아/어 드립니다**となります。

잡다 つかむ ＋ **-아 드립니다**
▶ **잡아 드립니다** つかんで差し上げます

지키다 守る ＋ **-어 드립니다**
▶ **지켜 드립니다** 守って差し上げます

尊敬語のところで尊敬の意味をもつ用言(P.086)というものが出てきましたが、謙譲の意味をもつ用言もあります。代表的な例を以下に挙げておきます。

묻다 尋ねる ▶ **여쭙다** 伺う
만나다 会う ▶ **뵙다** お目にかかる
데려가다 連れて行く ▶ **모시다** お連れする

これらの言葉は、お決まりの表現でもよく登場するので、まずはフレーズとして覚えておいてもいいでしょう!

좀 여쭙겠습니다. ちょっと伺います。
처음 뵙겠습니다. 初めまして。(直訳:初めてお目にかかります)
강남역까지 모시겠습니다. 江南駅までお連れします。

尊敬語と謙譲語の作り方は理解できたでしょうか? すぐに聞いたり話したりすることは難しくても、今の段落では仕組みさえ分かっていれば大丈夫です!

かくにんドリル

問題1　次の用言を、それぞれ謙譲語のヘヨ体とハムニダ体にしましょう。

	ヘヨ体	ハムニダ体
① **보내다** 送る		
② **쓰다** 書く		
③ **전화하다** 電話する		
④ **알리다** 知らせる		
⑤ **부르다** 呼ぶ		
⑥ **나누다** 分ける		
⑦ **놓다** 置く		
⑧ **닫다** 閉める		

日本語と韓国語の敬語体系は基本的な考え方こそ同じですが、日本語と韓国語で決定的に異なる点があります。それは「韓国語の敬語表現は、自分側の人に対しても使う」という点です。

例えば他社から自社の社長宛てに電話がかかってきたとき、韓国語では「**사장님은 지금 자리를 비우셨습니다**(社長さまは今席をお外しになっています)」と自社の社長に対しても尊敬語を使います。さらには社長だけでなく自身の両親や祖父母など、目上の親族について話すときや、また目上の親族と話す際も敬語を使います。

아버지는 지금 거실에 계십니다.

父は今リビングにいらっしゃいます。

할머니 어디 편찮으세요?

おばあさん、どこか具合がよろしくないのですか？

할아버지는 하루 종일 집에서 티브이를 보십니다.

おじいさんは一日中家でテレビをご覧になります。

日本語の感覚でいると、韓国語で身内の人間に敬語を使うことに、最初は違和感があると思います。しかし、韓国語ではそれが普通です。そこを外国語の違いとして楽しみつつ、徐々に慣れていってくださいね！

敬語名詞・助詞

韓国語には、尊敬や謙譲の意味をもつ用言(P.086、094)以外にも、「家」→「お住まい」のように尊敬の意味をもつ名詞があります。ここまでは日本語も同様ですが、韓国語では、さらには尊敬の意味をもつ助詞があるのが特徴です。代表的なものを一覧で挙げておくので、語彙として覚えてしまいましょう！

名詞	尊敬名詞
이름 名前	성함 お名前
생일 誕生日	생신 お誕生日
말 言葉	말씀 お言葉 ※謙譲語としても使えます。
나이 年齢	연세 お年
사람 人	분 お方
집 家	댁 お宅
아버지 お父さん	아버님 お父さま
어머니 お母さん	어머님 お母さま
아들 息子	아드님 ご子息
딸 娘	따님 お嬢さま

助詞	尊敬助詞
~가 / 이 ~が	~께서
~는 / 은 ~は	~께서는
~에게 ~(人)に	~께
~도 ~(人)も	~께서도

これら、尊敬名詞や尊敬助詞はどのように使うのか、例文を通して見てみましょう。

어머님 생신에 지갑을 선물해 드립니다.
お母さまのお誕生日に財布をプレゼントして差し上げます。

아버님 성함을 알려 주세요.
お父さまのお名前を教えてください。

아드님이 사장님이세요?
ご子息が、社長でいらっしゃいますか？

김 사장님께서는 지금 박 부장님 댁에 계십니다.
キム社長は今、パク部長のお宅にいらっしゃいます。

以上で敬語に関しての説明は終わりです。冒頭でも書いた通り、韓国の方とコミュニケーションを取る上で敬語は欠かせません。また日本語の敬語と基本的な考え方は同じなので、日本語で敬語を使うときにも、ここで学んだ知識を使うことができます。このステップを繰り返し復習し、しっかり自分のものにしてくださいね！

かくにんドリル

問題1　次の日本語を、尊敬名詞・尊敬助詞に気をつけながら、ハムニダ体を用いて韓国語にしてみましょう。

① **お母さまを手伝って差し上げます。**
돕다 手伝う

② **お父さまの肩をもんで差し上げます。**
어깨 肩、**주무르다** もむ

③ **先生に私の作品をお見せします。**
선생님 先生、**제** 私の、**작품** 作品、**보이다** 見せる

④ **社長のお言葉です。**
사장님 社長、**이다** ～だ

⑤ **おじいさんも、ビールをお召し上がりになります。**
할아버지 おじいさん、**맥주** ビール、**드시다** 召し上がる

ここまで敬語の学習を進めてきましたが、このレッスンでは、友達同士や年下相手に使われる、いわゆる「タメ口」にあたる「パンマル(**반말**)」をご紹介いたします。基礎編でも学んだパンマルですが(基P.167)、まずパンマルの作り方の基本をおさらいしておきましょう。

用言(指定詞以外)のパンマル

語幹末が陽母音なら**-아**、陰母音なら**-어**をつけます。なお**아/어**型の語尾なので、特定の条件下で変則活用が起こります(P.028)。ちなみにヘヨ体の語尾が**-아요/어요**なので、ヘヨ体を作り、そこから**요**を取ることでパンマルになると考えても良いでしょう。

語幹 + -아/어

집에 있어. 家にいるよ。
오늘은 따뜻해. 今日は暖かいよ。
응, 알아. うん、分かってる。

また、パンマルはヘヨ体と同じく、疑問や勧誘、命令などさまざまなニュアンスを表現できます。

그 공연 가? その公演、行くの？(疑問)
저녁 같이 먹어. 夜一緒に食べよう。(勧誘)
빨리 뛰어! 速く走れ！(命令)

「ヘヨ体から**요**を取るとパンマル」という考え方を応用すれば、ヘヨ体の語尾表現から、簡単にパンマルを作ることができます。

● 過去形 -았어요 / 었어요 (P.020) のパンマル

어제 병원에 갔어. 昨日、病院に行ったよ。
나는 너를 사랑했어. 僕は君を愛していたよ。

● 願望を表す表現 -고 싶어요 (P.021) のパンマル

부산 가고 싶어. 釜山行きたいな。
아, 술 마시고 싶어. あー、お酒飲みたいな。

● 否定を表す表現 -지 않아요 (P.021) のパンマル

이제 널 사랑하지 않아. もう君を愛してないよ。
방이 넓지 않아. 部屋が広くないよ。

指定詞のパンマル

指定詞**이다**、**아니다**を「○○だよ」「○○じゃないよ」のようにパンマルにする場合は、指定詞の語幹に**-야**をつけます。ただし、「パッチムのない名詞＋指定詞の**이다**」の場合、名詞に直接**-야**をつけます。

指定詞語幹 ＋ -야

지금 서울역이야. 今、ソウル駅だよ。
저 사람은 가수가 아니야. あの人は歌手じゃないよ。
그는 유명한 배우야. 彼は有名な俳優だよ。 × **배우이야**

名前の呼び方

友達同士や親が子供を呼び捨てにする際、名前の後ろに**～야/아**をつけます。名前の最後にパッチムがなければ**～야**、あれば**～아**を付けます（**ㅇ**パッチム以外で連音化が起きるので注意）。

태수야, 밥 먹었어? テス、ご飯食べた？
은택아, 빨리 마셔! ウンテク、早く飲めよ！

また、その人に直接呼び掛けるのではなく、会話の中で名前を出す際、名前の最後にパッチムがある場合、**～이**をつけます。

어제 호열이가 집에 왔어. 昨日、ホヨルが家に来たよ。
다음 주 아름이가 일본 가. 来週、アルムが日本に行くよ。

かくにんドリル

問題1　次のハムニダ体やヘヨ体の文章の下線部をパンマルに変えて、パンマルの文章を作りましょう。

① **저기에 보이는 것이 경복궁입니다.**　あそこに見えるのが景福宮です。

あそこに見えるのが景福宮だよ。

② **오늘 공연 장소는 대학로예요.**　今日の公演の場所は大学路です。

今日の公演の場所は大学路だよ。

③ **호정 씨, 빨리 와요!**　ホジョンさん、早く来てください！

ホジョン、早く来いよ！

④ **희준 씨가 중국에 갔습니다.**　ヒジュンさんが中国に行きました。

ヒジュンが中国に行ったよ。

⑤ **이 감자탕은 민준 씨가 만들었어요?**
このカムジャタンはミンジュンさんが作ったんですか？

このカムジャタンはミンジュンが作ったの？

Lesson 23 先語末語尾（せんごまつごび）

ステップ２の最後のレッスンです。タイトルの先語末語尾、なんだか難しそうな名前ですが、これまでにやってきたことに、このような名前がついているだけですので、構えずに読み進めてください。

過去を表す**-았다**/**었다**(P.020)というものが出てきました。そして、用言を過去形にする際、語幹末が陽母音の場合は**-았다**、陰母音の場合は**-었다**をつけ、これにハムニダ体やヘヨ体の語尾を続ける、と学んできました。**남다**(残る)と**입다**(着る)を例に見てみましょう。

① 過去を表す**-았다**/**었다**をつける

남다 + -았다 ▶ 남았다 残った
입다 + -었다 ▶ 입었다 着た

② ハムニダ体やヘヨ体の語尾をつける

남았다 + -습니다 ▶ 남았습니다 残りました
입었다 + -어요 ▶ 입었어요 着ました

出来上がった形を見てみると、結果的に**았**や**었**が、語幹と**-습니다**、**-어요**という語尾に挟まれるような形になっています。

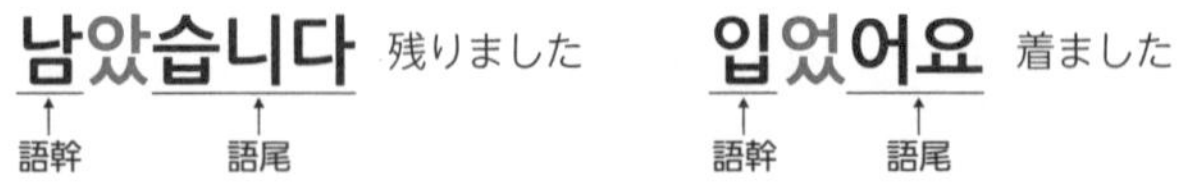

この**-았/었-**のように、語幹と語尾に挟まれた語尾を**先語末語尾**と呼び、語末に使われる**-습니다**や**-어요**のような語尾を**語末語尾**と呼びます。先語末語尾は、必ずその後ろに語末語尾を必要とします。つまり先語末語尾**-았/었-**を語幹と語末語尾で挟むことで過去を表しているのです。

尊敬を表す**-(으)시다**(P.084)も同じ仕組みで、下の例で赤色の**-(으)시-**の部分が先語末語尾です。先語末語尾**-(으)시-**を、語幹と語末語尾で挟むことで尊敬を表すことができるのです。

가십니다 行かれます
語幹 語末語尾

읽으십니다 読まれます
語幹 語末語尾

これまでに登場した語尾表現に先語末語尾**-았/었-**や**-(으)시-**を挟んでみましょう！

가다 行く ＋ **-고 싶다** ～したい ＋ **-었-** ＋ **-습니다**
▶ **가고 싶었습니다** 行きたかったです

사다 買う ＋ **-아 드리다** ～して差し上げる ＋ **-었-** ＋ **-어요**
▶ **사 드렸어요** 買って差し上げました

닫다 閉まる ＋ **-았-** ＋ **-으면** ～するなら
▶ **닫았으면** 閉まったら

읽다 読む ＋ **-으시-** ＋ **-지만** ～するが
▶ **읽으시지만** お読みになるが

● **現在連体形の語尾〈動詞〉-는** ～する、～している

하다 する + **-시-** + **-는** ▶ **하시는 일** なさっている仕事

そして、先語末語尾は次のように二つ入ることもあり得ます。

● **仮定を表す語尾 -(으)면** ～したら、～いなら、～なら

읽다 読む + **-으시-** + **-었-** + **-으면**
▶ **읽으셨으면** お読みになったら

● **否定を表す表現 -지 않다** ～ない、～くない

즐기다 楽しむ + **-지 않다-** + **-으시-** + **-었-** + **-어요**
▶ **즐기지 않으셨어요** お楽しみになられませんでした

ステップ3では過去、尊敬の先語末語尾に加えて、新たな先語末語尾も出てきます。この先語末語尾の仕組みをしっかり理解して、表現の幅を広げていきましょう！

かくにんドリル

問題 1 次の韓国語の先語末語尾の部分に下線を引きましょう。

① **저도 그 영화 보고 싶었어요.**
私もその映画見たかったです。

② **하시는 작업 언제 끝나요?**
なさっている作業、いつ終わりますか？

③ **어머님이 좋아하시는 과일을 저도 먹었어요.**
お母さまが好きな果物を、私も食べました。

問題 2 次の韓国語の下線部が日本語の下線部の訳になるよう、先語末語尾を挟みましょう。

① **선생님이 읽는 책, 제목이 뭐예요?**
先生がお読みになっている本、タイトルは何ですか？

② **어제 사장님은 출근하지 않습니다.**
昨日、社長は出勤なさいませんでした。

③ **할아버지가 찾는 물건은 가방 안에 있어요.**
おじいさんがお探しの物は、かばんの中にありました。

④ **부장님은 이미 퇴근합니다.**
部長はすでに退勤なさいました。

Step 2
総合練習ドリル

問題 次の日本語を、指定の語彙とこれまでに学んだ知識を使って韓国語にしましょう。その際、( )内に指定された文体にしましょう。また、答え合わせ後、文章を声に出して読みましょう。

018

① **昼においしい冷麺を食べました。(ハムニダ体)**
昼 **낮**、おいしい **맛있다**、冷麺 **냉면**、食べる **먹다**

② **私はソウル大学に通うパク・ジュノです。(ヘヨ体)**
私 **저** 、ソウル大学 **서울대**、通う **다니다**、パク・ジュンホ **박준호**、～だ **이다**

③ **医師である父が誇らしいです。(ヘヨ体)**
医師 **의사**、～だ **이다**、父 **아버님**、誇らしい **자랑스럽다**(ㅂ変則)

④ **来年にソウルに上京する予定です。(ハムニダ体)**
来年 **내년**、ソウル **서울**、上京する **올라가다**、予定 **예정**、～だ **이다**

⑤ **韓国でも、両替する時間はあります。(ヘヨ体)**
韓国 **한국**、両替する **환전하다**、時間 **시간**、ある **있다**

⑥ **昼夜問わず、蒸し暑い日が続きます。(ヘヨ体)**
昼夜問わず **밤낮없이**、蒸し暑い **무덥다**(ㅂ変則)、日 **날**、続く **계속되다**

⑦ **足の裏にできた水ぶくれが痛いです。(ヘヨ体)**

足の裏 **발바닥**、できる **생기다**、水ぶくれ **물집**、痛い **아프다**(으語幹)

---

⑧ **ファンではない人も、その歌をよく聞きます。(ヘヨ体)**

ファン **팬**、~ではない **~가/이 아니다**、人 **사람**、その **그**、歌 **노래**、よく **자주**、聞く **듣다**(ㄷ変則)

---

⑨ **10年間吸っていたたばこをやめました。(ハムニダ体)**

10年 **10년**、~間 **~동안**、(煙草を)吸う **피우다**、たばこ **담배**、やめる **끊다**

---

⑩ **ジェヒョク！　それは水だよ！　焼酎じゃないよ！(パンマル)**

ジェヒョク **재혁**、それは **그건**、水 **물**、~だ **이다**、焼酎 **소주**、~じゃない **~가/이 아니다**

---

⑪ **中学生だったとき、祖母が亡くなりました。(ハムニダ体)**

中学生 **중학생**、~だ **이다**、とき **때**、祖母 **할머니**、亡くなる **돌아가시다**

---

⑫ **深まっていく夜に、冷たいビールを飲みたい。(パンマル)**

深まる **깊어가다**、夜 **밤**、冷たい **시원하다**、ビール **맥주**、飲む **마시다**、~したい **-고 싶다**

---

⑬ **先生のたくさんの荷物を、持って差し上げました。(ヘヨ体)**

先生 **선생님**、多い **많다**、荷物 **짐**、持つ **들다**、~して差し上げる **-아/어 드리다**

Kisokan column
キソカンコラム

僕の失敗談②

ある国の一部の人を見て、その国やそこに住む人たちがどういうものかを相対化して考えるのは、あまり健全な思考とは思えません。しかし外国を訪れた際、現地で触れ合った人たちの印象でその国の印象が決まるということは、どうしても起きてしまうものです。

ある日、日本の地下鉄の駅で迷っている韓国の女性二人組がいました。そこまで大きい駅ではなかったので、周りには僕しかいません。仮にここで僕がその人たちを無視したら、その人たちにとって日本は「困っていても誰も助けてくれない、冷たい国」となり、逆に僕が声をかけたら「困っていたら助けてくれる人のいる、優しい国」となります。せっかく訪問先に日本を選んでくれたのですから、良い思い出とともに帰っていただきたい。僕はその人たちにとっての「日本を代表する心温かい人」になるべく声をかけることにしました。とはいえ韓国語は勉強したて。声をかける前に入念にイメージトレーニングを行いました。「笑顔で**안녕하세요**と言おう。」「"どこ"は"**어디**"、"行く"は"**가요**"だったな……！」

意を決して近づいたその瞬間！　僕は緊張の余り頭が真っ白になり、言葉が全く出てこなくなってしまったのです！　**안녕하세요**すら出てきません。その人たちは僕を一瞥(いちべつ)するや否や、その眼光に目一杯の侮蔑を浮かべ、きびすを返して立ち去ったのです。

それもそのはず。そのときの僕は、顔をニタつかせ、「あっ…あっ…」と声にもならぬ音を発しながらその人たちに近づいたのですから。

僕はその人たちにとっての、「日本を代表する不審者」になったのでした。

Step 3

語尾と表現

Lesson 24
語尾表現を学ぶ前に

このステップでは、初級レベルで知っておくべき語尾や表現をたくさん紹介します。豊かな表現力を身につけるべく、しっかり読んでいってください。語尾表現を学ぶ上で、これまでに学んできた接続パターン(P.024)や変則活用(P.028)がとても大切です。迷ったら何度でも戻ってその都度確認するようにしましょう！

さて、語尾表現を学ぶ前に、なぜ語尾表現を学ぶ必要があるのかをお話します。日本語は、言語学的には膠着語(こうちゃくご)というものに分類されます。膠着語とは、後ろにさまざまな言葉をつなげることで意味を拡張していく言語を指します。例えば、次のように一語の動詞の後ろにさまざまな言葉をつなげることで、複雑な内容を表すことができます。

飲む
動詞

飲ま せる
動詞 + 使役の助動詞

飲ま せ られる
動詞 + 使役の助動詞 + 受身の助動詞

飲ま せ られ たい
動詞 + 使役の助動詞 + 受身の助動詞 + 願望の助動詞

飲ま せ られ たく ない
動詞 + 使役の助動詞 + 受身の助動詞 + 願望の助動詞 + 補助形容詞

飲ま せ られ たく なかっ た
動詞 + 使役の助動詞 + 受身の助動詞 + 願望の助動詞+ 補助形容詞 + 過去の助動詞

そしてこれと同じ特徴を、韓国語も持っています。

마시다 飲む ＋ **-고 싶다**
▶ **마시고 싶다** 飲みたい
마시고 싶다 ＋ **-지 않다**
▶ **마시고 싶지 않다** 飲みたくない
마시고 싶지 않다 ＋ **-았-** ＋ **-어요**
▶ **마시고 싶지 않았어요** 飲みたくなかったです

このように、韓国語でも後ろにさまざまな語尾表現をつなげることで意味を拡張していきます。このことから、韓国語の語尾表現がいかに大切かお分かりいただけると思います。このステップでは、そんな語尾表現を学び、どんどんと表現の幅を広げていきましょう！

連用形

本題に入る前に、一つご紹介しておきたい文法事項があります。それが連用形です。ステップ２でご紹介した連体形は「体言に連なる形」でした。それを踏まえると、連用形は「用言に連なる形」であるということが分かります。例えば日本語では「歩く」と「切る」をつなげるとき、後ろに「切る」という動詞（用言）が来ているので、「歩く」を連用形にし「歩き切る」とします。

歩く ＋ 切る ＝ 歩き切る

韓国語でも用言と用言をつなげることがよくあります。その際、**-아/어**という語尾を使って後ろの用言につなげます。この語尾はパンマルを作るときの語尾（P.100）と同じなので覚えやすいと思います。

語幹 ＋ -아/어 ～して、～く、～に

接続パターン **아/어型**

사다 買う ＋ **-아** ＋ **오다** くる ▶ **사 오다** 買ってくる
먹다 食べる ＋ **-어** ＋ **보다** みる ▶ **먹어 보다** 食べてみる

実は依頼の表現**-아/어 주세요**（P.025）の**-아/어**も、謙譲語の**-아/어 드리다**（P.092）の**-아/어**もこの連用形だったのです。このように、連用形の語尾**-아/어**は、さまざまな語尾表現を学ぶ上でかなりの頻度で登場します。ぜひ覚えておいてください！

では、次のレッスンから本格的に語尾表現の学習を進めていきましょう！

かくにんドリル

問題1　次の言葉を、連用形を用いてつなぎましょう。**아**/**어**型の語尾がつくと変則活用するものに気をつけましょう。

① **열다** 開ける、**놓다** おく
開けておく

② **믿다** 信じる、**보다** みる
信じてみる

③ **앉다** 座る、**있다** いる
座っている

④ **쓰다** 書く(으語幹)、**놓다** おく
書いておく

⑤ **잇다** つなぐ(ㅅ変則)、**가다** いく
つないでいく

⑥ **연락하다** 連絡する(ハダ用言)、**보다** みる
連絡してみる

⑦ **만들다** 作る、**내다** 出す
作り出す

⑧ **듣다** 聞く(ㄷ変則)、**주다** あげる
聞いてあげる

Lesson 25
副詞化・名詞化する語尾

ここから本格的にたくさんの語尾表現を紹介しますが、「意味」「スペル(分かち書き)」「接続パターン」の三つに気をつけながら学習を進めましょう。

まず、このレッスンでは用言を副詞的・名詞的な役割をする形に変える語尾をご紹介します。

用言を副詞化する語尾

用言の語幹に**-게**をつけることで、用言に副詞的役割を与えます。なお、副詞とは主に用言を修飾する役割がある品詞です。

語幹 + -게 ～するように、～く、～に

接続パターン **直接型**

사랑하다 愛する + **-게** ▶ **사랑하게** 愛するように
짧다 短い + **-게** ▶ **짧게** 短く

그녀를 사랑하게 되었어요. 彼女を愛するようになりました。
머리를 짧게 잘랐어요. 髪を短く切りました。

用言を名詞化する語尾

用言に名詞的な役割を与える語尾は二つあります。ニュアンスの差は次のページでご説明します。

① 語幹 ＋ -기 ～すること、～いこと、～さ、～なこと

接続パターン **直接型**

기다리다 待つ ＋ -기 ▶ **기다리기** 待つこと
찾다 探す ＋ -기 ▶ **찾기** 探すこと

널 기다리기가 힘들어. 君を待つのがつらい。
입구를 찾기가 어려워요. 入り口を探すのが難しいです。

② 語幹 ＋ -(으) ㅁ ～すること、～いこと、～さ、～なこと

接続パターン **으型**

중요하다 重要だ ＋ -ㅁ ▶ **중요함** 重要なこと
얻다 得る ＋ -음 ▶ **얻음** 得ること

공부가 중요함을 느꼈다. 勉強が重要であることを感じた。
신용을 얻음으로써 가능한 일입니다. 信用を得るからこそ可能なことです。

-기と**-(으)ㅁ**の違いですが、**-기**は、そのことがまだ起きていないときに使うのに対し、**-(으)ㅁ**はそのことがすでに起きたときに使うという傾向があります。

例えば**공부하다**（勉強する）の例で見てみましょう。**공부하기**と言ったら、「これから勉強をする」というニュアンスになります。手帳に予定として「勉強する」と書く時は「**공부하기**」と書くことからも、分かりやすいでしょう。一方**공부함**は、「すでに勉強をした」というニュアンスになります。例えば既に学習したページの脇に「**공부함**」と書けば、「勉強済みだ」という意味になります。

今後学ぶ語尾表現の中には、副詞化する**-게**や名詞化する**-기**を使ったものがいくつか登場します。「ここで出合った**-기**だな、**-게**だな」と、語尾表現で使われる語彙一つひとつの役割を分かっていれば、記憶にも残りやすく、理解もしやすいでしょう。ぜひ、覚えておいてくださいね！

かくにんドリル

問題1　次の用言に、Ⓐ**-기**、Ⓑ**-(으)ㅁ**の語尾をつけて名詞化しましょう。

① **씻다** 洗う

Ⓐ ＿＿＿＿＿＿ Ⓑ ＿＿＿＿＿＿ **洗うこと**

② **있다** ある・いる

Ⓐ ＿＿＿＿＿＿ Ⓑ ＿＿＿＿＿＿ **あること・いること**

③ **사랑하다** 愛する

Ⓐ ＿＿＿＿＿＿ Ⓑ ＿＿＿＿＿＿ **愛すること**

④ **내리다** 降りる

Ⓐ ＿＿＿＿＿＿ Ⓑ ＿＿＿＿＿＿ **降りること**

問題2　次の日本語を、指定の語尾表現を使って、韓国語にしましょう。

① **花が美しく咲きました。(-게、-었-、-습니다)**
꽃 花、**아름답다** 美しい、**피다** 咲く

＿＿＿＿＿＿＿＿＿＿＿＿＿＿＿＿＿＿

② **悪く考える癖があります。(-게、-는、-어요)**
나쁘다 悪い、**생각하다** 考える、**버릇** 癖、**있다** ある

＿＿＿＿＿＿＿＿＿＿＿＿＿＿＿＿＿＿

019

このレッスンでは、時間の前後関係を表す語尾をご紹介します。日常の会話の中での登場頻度も高く、「どこかで聞いたことがある！」というものもあるかもしれません。耳で聞いたことのあるものが分かる楽しさを、ぜひ味わっていただけたらと思います。

① 動詞語幹 ＋ -기 전에 〜する前に

名詞化する語尾**-기**（〜すること、P.117）と名詞の**전**（前）、助詞の**에**（〜に）を組み合わせた表現です。

接続パターン **直接型**

한국에 오기 전에 어디 살았어요?
韓国に来る前にどこに住んでいましたか？

밥 먹기 전에 손을 깨끗이 씻어요.
ご飯食べる前に手をきれいに洗いましょう。

② 動詞語幹 ＋ -(으) ㄴ 후에 ～した後に

動詞の過去連体形語尾**-(으) ㄴ**(P.072)と名詞の**후**(後)、助詞の**에**(～に)を組み合わせた表現です。助詞の**에**はしばしば省略されます。

接続パターン　**으型**

연인과 헤어진 후에 만났어요.
恋人と別れた後に、出会いました。

사진을 찍은 후 저장했어요.
写真を撮った後、保存しました。

③ 動詞語幹 ＋ -(으) ㄴ 다음에 ～してから、～した後に

動詞の過去連体形語尾**-(으) ㄴ**と名詞の**다음**(次)、助詞の**에**(～に)を組み合わせた表現です。ニュアンスの差なく、②の**-(으) ㄴ 후에**に置き換えることが可能です。

接続パターン　**으型**

공부한 다음에 놀아요.
勉強してから遊びます。

책을 읽은 다음에 감상문을 써요.
本を読んだ後に、感想文を書きます。

설탕을 넣은 다음에 잘 섞어 주세요.
砂糖を入れた後に、よく混ぜてください。

④ 動詞語幹 ＋ -자마자 ～するやいなや

ある動作が終わった後すぐに時間を置かず、次の動作が起こることを表します。ほぼ同じ意味で**-자**と言うこともできます。

接続パターン **直接型**

집에 들어오자마자 티브이를 켰어요.
家に帰ってくるやいなやテレビをつけました。

일이 끝나자마자 회사를 나갔습니다.
仕事が終わるやいなや会社を出ました。

학교를 나가자 비가 왔어요.
学校を出るやいなや雨が降ってきました。

⑤ 動詞語幹 ＋ -(으) ㄴ 지 ～して以来、～してから

あることが起きてから時間がたったことを表します。動詞の過去連体形語尾**-(으) ㄴ**と、「～(して) から、～(して) 以来」を意味する依存名詞(P.057) の**지**を組み合わせた表現です。

接続パターン **으型**

한국에 온 지 벌써 1년이에요.
韓国に来て、もう１年です。

밥을 먹은 지 12시간이 지났어요.
ご飯を食べてから12時間が過ぎました。

かくにんドリル

問題1 次の用言に、Ⓐ**-기 전에**、Ⓑ**-(으)ㄴ 후에**、Ⓒ**-(으)ㄴ 다음에**、Ⓓ**-자마자**、Ⓔ**-(으)ㄴ 지**の中から指定された語尾表現をつけましょう。

① **사다** 買う

Ⓐ ______ Ⓑ ______

Ⓓ ______ Ⓔ ______

② **사귀다** 付き合う

Ⓐ ______ Ⓒ ______

Ⓓ ______ Ⓔ ______

③ **찾다** 探す

Ⓐ ______ Ⓑ ______

Ⓓ ______ Ⓔ ______

問題2 次の日本語を、指定の語尾表現を使って、韓国語にしましょう。

① **留学する前に、書類を準備します。(-기 전에、-ㅂ니다)**
유학하다 留学する、**서류** 書類、**준비하다** 準備する

______

② **飛行機に乗ってから2時間たちました。(-ㄴ 지、-았-、-어요)**
비행기 飛行機、**타다** 乗る、**2시간** 2時間、**지나다** たつ

______

Lesson 27 動作の前後関係を表す

020

文をつなぐ語尾として、基礎編で**-고**と**-아서/어서**を学びました(基 P.222、P.223)。ここではそれらを振り返るとともに、同じく文と文をつなぎ、動作の前後関係を表す語尾表現を学んでいきましょう。

① 動詞語幹 ＋ -고 ～して

動詞の語幹について、事柄が起きる順番を表します。

接続パターン **直接型**

친구를 만나고 술을 먹었습니다.
友達に会って、お酒を飲みました。

창문을 열고 밖을 바라봐요.
窓を開けて外を眺めます。

선생님을 초대하고 식사를 했어요.
先生を招待して、食事をしました。

なお、動詞以外の品詞につくと、前後の内容を単純に羅列する語尾になります。

싸고 맛있는 가게가 있어요. 安くておいしい店があります。

남자친구는 한국 사람이고 부산에 살아요.
彼氏は韓国人で釜山に住んでいます。

② 動詞語幹 ＋ -아서 / 어서 ～して

動詞の語幹について、動作の前後関係を表します。**-아서 / 어서**の**서**が省略されて**-아 / 어**という形になることもあります。なお、動詞以外の用言にもつきますが、理由・原因という別の意味になりますので(P.162)、それは後ほど確認しましょう。

接続パターン **아 / 어型**

빨리 일어나서 세수해 ! 早く起きて顔洗って！
학교에 가서 공부를 해요. 学校に行って勉強をします。
밖에 나가 놀아요. 外に出て遊びましょう。
※**나가서**の**서**が省略されている。

①**-고**と②**-아서 / 어서**は動詞につくと同じく「～して」と訳されますが、**-고**は前後に関連性がなくても使えるのに対し、**-아서 / 어서**は前の事柄が成立しない限り、後ろの事柄は成立しないという特徴があります。

친구를 만나고 밥을 먹었다. 友達に会って、ご飯を食べた。
※友達と別れてからご飯を食べた可能性もある。

친구를 만나서 밥을 먹었다. 友達に会って、ご飯を食べた。
※友達に会い、その友達と一緒にご飯を食べた。

③ 動詞語幹 ＋ -고 나서 ～してから

動詞の語幹について、ある行為が終わってから、次の行為をすることを表します。**-(으)ㄴ 후에**(～した後に、P.121)より、行動の順序により重点を置いた表現です。

接続パターン **直接型**

숙제를 하고 나서 놀아요. 宿題をやってから遊びます。
그와 헤어지고 나서 연락이 없다. 彼と別れてから、連絡がない。

④ 動詞語幹 ＋ -(으)면서 ～しながら

動詞の語幹について、二つ以上の動作を同時に行っていることを表します。

接続パターン **으型**

커피를 마시면서 이야기를 해요. コーヒーを飲みながら話をしましょう。
걸으면서 스마트폰을 만지는 사람. 歩きながらスマートフォンを触る人。
식사하면서 이야기를 합니다. 食事しながら話をします。

かくにんドリル

問題1 次の用言に、Ⓐ**-고**、Ⓑ**-아서/어서**、Ⓒ**-고 나서**、Ⓓ**-(으)면서**をつけましょう。

① **남기다** 残す

Ⓐ

Ⓑ

Ⓒ

Ⓓ

② **쉬다** 休む

Ⓐ

Ⓑ

Ⓒ

Ⓓ

③ **알다** 分かる(ㄹ語幹)

Ⓐ

Ⓑ

Ⓒ

Ⓓ

問題2 次の日本語を、指定の語尾表現を使って、韓国語にしましょう。

① **学校に着いてから宿題をします。(-고 나서、-ㅂ니다)**
학교 学校、**도착하다** 到着する、**숙제** 宿題、**하다** する

② **友達としゃべりながらご飯を食べました。(-면서、-었-、-어요)**
친구 友達、**이야기하다** しゃべる、**밥** ご飯、**먹다** 食べる

021

ここでは、依頼・要請「〜してください」「〜しないでください」の表現をご紹介します。基礎編で学んだ依頼の表現や、前のステップで扱った敬語表現の復習もできるので、しっかりと確認しておきましょう！

① 動詞語幹 ＋ -(으)세요 〜してください

レッスン21に出てきた尊敬の表現です(P.088)。**-(으)세요**は尊敬を表す表現**-(으)시다**のヘヨ体ですが、目上の相手に丁寧に何か行動を促したり、要請したりする表現にもなります。

接続パターン	으型

그것은 선생님에게 물어보세요.
それは、先生に聞いてみてください。

슬펐던 기억 모두 잊으세요.
悲しかった記憶すべて忘れてください。

② 動詞語幹 ＋ -아/어 주세요 〜してください

ステップ1 (P.025)にも出てきた、依頼・要請の表現です。**-아/어 주다**(〜してやる)に丁寧な要請を表す**-(으)세요**がついた形です。

接続パターン **아/어型**

이 손 놓아 주세요.
この手、離してください。

현대백화점 앞에서 차를 세워 주세요.
現代百貨店の前で車を止めてください。

なお、話す相手に合わせて**-아/어 주다**をヘヨ体にして**-아/어 줘요**としたり、パンマルにして**-아/어 줘**としたりと活用できます。

술을 따라 줘요. お酒を注いでください。
땀을 닦아 줘요. 汗を拭いてください。
이거 좀 가르쳐 줘. これちょっと教えてよ。
오늘은 네가 내 줘. 今日は君がおごってよ。

二つの「～してください」を紹介しましたが、①は単純に相手に行動を促すときに使い、②は依頼・要請した行動が誰かのためになる場合に使います。

손잡이를 잡으세요. 手すりにつかまってください。
※「手すりにつかまる」というのが、誰かのための行為ではない。

제 손을 잡아 주세요. 私の手を握ってください。
※「手を握る」という行為が、「私」のためになっている。

③ 動詞語幹 ＋ -지 마세요 ～しないでください

相手に、何かをしないように依頼・要請する表現です。**마세요**の辞書形は**말다**で「～するのをやめる、～しない」という意味を持つ動詞です。その**말다**の語幹に丁寧な要請を表す**-(으)세요**がついた形です。

接続パターン **直接型**

이 마을을 떠나지 마세요. この村を去らないでください。
점심시간에는 전화하지 마세요. ランチタイムには電話しないでください。

말다をパンマルにして、**-지 마**(～しないで)という形でも使えます。不規則な活用なので「そういうもの」と覚えてしまうと楽です！　よく使われる表現なので覚えておくと良いでしょう。

내 말 무시하지 마. 私の話、無視しないで。
괜찮아. 걱정하지 마. 大丈夫。心配しないで。

また、**말다**の語幹に**-고**(～して、P.124)をつけると、**-지 말고**(～しないで、～せずに)という表現になります。

놀지 말고 공부해요.
遊ばないで、勉強しましょう。

과자를 먹지 말고 과일을 먹어요.
お菓子を食べないで、果物を食べましょう。

かくにんドリル

問題1　次の用言に、Ⓐ**-(으)세요**、Ⓑ**-아/어 주세요**、Ⓒ**-지 마세요**をつけましょう。

① **섞다** 混ぜる

Ⓐ

Ⓑ

Ⓒ

② **나가다** 出ていく

Ⓐ

Ⓑ

Ⓒ

③ **찢다** 破る

Ⓐ

Ⓑ

Ⓒ

問題2　次の日本語を、指定の語尾表現を使って、韓国語にしましょう。

① **ソウル駅まで行ってください。(-아 주세요)**
서울역 ソウル駅、**가다** 行く

② **食べ物を残さないでください。(-지 마세요)**
음식 食べ物、**남기다** 残す

022

このレッスンでは推測の表現を三つご紹介いたします。最後にそれら三つの使い分けについても詳しくご説明します！

① 語幹 ＋ -겠- 推測の先語末語尾（～しそうです、～いようです、～なようです）

自身の主観的な判断に基づいて、その場で判断し推測した事項を述べるときに使える先語末語尾(P.104)です。語幹と語末語尾の間に挟んで使います。

接続パターン **直接型**

합격은 힘들겠어요. 合格は難しいと思います。
곧 비가 오겠어. もうすぐ雨が降りそう。
회사에 늦겠습니다. 会社に遅れそうです。

② 語幹 ＋ -(으)ㄹ 거예요

～するでしょう、～すると思います、～いと思います、～だと思います

客観的な根拠に基づいて推測する表現です。未来連体形の**-(으)ㄹ**と、依存名詞の**거**(こと)、指定詞**이다**(～だ)のへヨ体**예요**から成る表現です。

ハムニダ体にすると**-(으)ㄹ 겁니다**(**거입니다**の縮約形)になります。パンマルは特殊な形で**-(으)ㄹ 거야**となるのでこのまま覚えてしまいましょう。

接続パターン **으型**

수업은 한 시에는 끝날 거예요. 授業は1時には終わると思います。
내일은 눈이 올 겁니다. 明日は雪が降るでしょう。
학교까지 가면 있을 거야. 学校まで行けばあると思うよ。

③ 語幹 + -(으)ㄹ 것 같아요

〜するようです、〜いようです、〜なようです

客観的な根拠に基づいて推測し、それを謙虚に伝える表現です。未来連体形の**-(으)ㄹ**と、依存名詞の**것**(こと)、形容詞の**같다**(〜のようだ)のヘヨ体から成る表現です。

ハムニダ体にすると**-(으)ㄹ 것 같습니다**、パンマルは**-(으)ㄹ 것 같아**となります。

接続パターン **으型**

다나카 씨는 한국말을 잘할 것 같아요. 田中さんは韓国語が上手そうです。
집에 아무도 없을 것 같습니다. 家に誰もいないと思います。
내일은 더울 것 같아. 明日は暑いようだね。

-(으)ㄹ 것 같아요は、未来連体形の**-(으)ㄹ**の部分を現在連体形や過去連体形にすることで、現在・過去の推測も表すことができ、便利です。

비가 오는 것 같아요. 雨が降っているみたいです。(現在連体形)
비가 온 것 같아요. 雨が降ったみたいです。(過去連体形)

지금 연락하는 것 같아요. 今、連絡しているようです。(現在連体形)
이미 연락한 것 같아요. すでに連絡したようです。(過去連体形)

ここに紹介した三つの推測の表現で、①は主観的な判断、②③は客観的な根拠に基づいて推測するときに用います。②よりも③の方が、話し手自身の推測を強く主張することなく、謙虚に遠回しに伝えるニュアンスがあります。

① **곧 비가 오겠어요.** もうすぐ雨が降りそうです。
※曇っていて、なんとなくそんな予感がする。

② **내일은 비가 올 거예요.** 明日は雨が降るでしょう。
※天気予報などで情報を得て、それを元に推測を伝える。

③ **내일은 비가 올 것 같아요.** 明日は雨が降るようです。
※天気予報などで情報を得たが、積極的に意見を述べる場所ではないなどの理由で、謙虚、遠回しである。

かくにんドリル

問題1　次の用言に、Ⓐ**-겠어요**、Ⓑ**-(으) ㄹ 거예요**、Ⓒ**-(으) ㄹ 것 같아요**をつけましょう。

① **맛있다** おいしい

Ⓐ ________ Ⓑ ________

Ⓒ ________

② **연기되다** 延期される

Ⓐ ________ Ⓑ ________

Ⓒ ________

③ **맞다** 合う

Ⓐ ________ Ⓑ ________

Ⓒ ________

問題2　次の日本語を、指定の語尾表現を使って、韓国語にしましょう。

① **間もなく撮影が終わると思います。 (-ㄹ 거예요)**
곧 間もなく、**촬영** 撮影、**끝나다** 終わる

____

② **今回の映画は面白そうです。(-을 것 같아요)**
이번 영화 今回の映画、**재미있다** 面白い

____

Lesson 30 尋ねる・提案

⬇023

　このレッスンでは、人に何かを尋ねたり提案したりする語尾表現をご紹介します。用言に語尾表現をつけることには慣れてきましたか？　頭で理解することも大切ですが、使うことで慣れていくことも重要なので、自分でいろいろな例文を作って、書いたり話したりしてみましょう。

尋ねる・提案

① 語幹 ＋ -(으) ㄹ까요？

～しましょうか？、～いでしょうか？、～でしょうか？、～するでしょうか？

　用言の語幹について、相手に何かを提案したり、意見を求めたりすることを表します。**-(으) ㄹ까요？**はヘヨ体なので、**요**を取って**-(으) ㄹ까？**とすれば、パンマルになります。

接続パターン　**으型**

식사를 할까요？ 커피를 마실까요？

食事をしましょうか？　コーヒーを飲みましょうか？

선미가 학교에 있을까요？

ソンミは学校にいるでしょうか？

내일은 추울까？

明日は寒いかな？

② 動詞語幹 ＋ -(으) ㄹ래요？ ～しましょうか？、～しますか？

動詞の語幹について、相手に何かを提案したり、意見を求めたりする語尾です。へヨ体なので、**요**を取って**-(으) ㄹ래？**とすれば、パンマルになります。

接続パターン **으型**

쉬는 날이니까 청소할래요？ 休日だから、掃除しますか？
우리 사귈래요？ 私たち付き合いましょうか？
맥주 마실래？ ビール飲もうか？

①**-(으) ㄹ까요？**に比べ、②**-(으) ㄹ래요？**の方が、相手の意向を尊重するニュアンスがある場合がありますが、一般的にほぼ同様の意味で使われます。

③ 動詞語幹 ＋ -자 ～しよう

動詞の語幹について、聞き手に何かを一緒にしようと誘うときに使う語尾です。友達同士や年下相手に使うパンマルです。

接続パターン **直接型**

내일 같이 영화 보자！ 明日一緒に映画見よう！
저녁에 삼겹살 먹자. 夜ご飯に、サムギョプサル食べよう。

なお、ヘヨ体も提案のニュアンスをもっていることを覚えているでしょうか？　パンマルが使えないシーンや相手によって使い分けてくださいね。

우리 점심에 비빔밥을 먹어요. 私たちランチにビビンバを食べましょう。
내일 학교에서 봐요. 明日学校で会いましょう。

さて、このレッスンに登場する語尾や、これまでに登場した語尾で、「動詞の語幹について」と、用言の中でも動詞に限定しているものがあります。しかしそれらは存在詞の**있다**（いる）にはつけることができます。

내일까지 있을래요? 明日までいますか？
나랑 있자. 僕といよう。

なぜ同じ存在詞でも**없다**（いない）が使えず、**있다**だけ使えるのかというのは、日本語では「いる」が動詞に分類されていると考えると分かりやすいと思います。今後も「動詞の語幹」と書かれていますが、**있다**にもつけることができるのは、以上の理由からです。

かくにんドリル

問題1　次の用言に、Ⓐ**-(으)ㄹ까요?**、Ⓑ**-(으)ㄹ래요?**、Ⓒ**-자**をつけましょう。

① **이야기하다** 話す

Ⓐ

Ⓑ

Ⓒ

② **입다** 着る

Ⓐ

Ⓑ

Ⓒ

③ **받다** 受ける

Ⓐ

Ⓑ

Ⓒ

問題2　次の日本語を、指定の語尾表現を使って、韓国語にしましょう。

① **明洞駅まで一緒に行こう。(-자)**
명동역 明洞駅、**같이** 一緒に、**가다** 行く

② **先生、何を召し上がりますか？(-ㄹ래요？)**
선생님 先生、**뭐** 何を、**드시다** 召し上がる

024

どんな言語でも、自分の意思をしっかりと示すことはコミュニケーションを取る上で重要です。このレッスンではそんな意思表示の語尾表現を見ていきましょう！

① 動詞語幹 ＋ -(으) ㄹ게요 ～します

自分の意思を相手に約束する意味があります。ヘヨ体なので、**요**を取って**-(으) ㄹ게**とすればパンマルになります。

接続パターン　으型

다음 주에 다시 올게요. 来週また来ます。
난 여기 있을게. 僕はここにいるよ。

② 動詞語幹 ＋ -(으) ㄹ래요 ～します

前のレッスン30では、「～しますか？」と相手の意向を尋ねる意味の語尾(P.137)として登場しましたが、自分が主語の文では「自分がその行為をしたがっている」という意味になります。ヘヨ体なので、**요**を取って**-(으) ㄹ래**とすればパンマルになります。

接続パターン　**으型**

나 혼자 살래요. 私、一人で暮らします。
너의 추억 다 잊을래. 君の思い出、すべて忘れるよ。

③ 動詞語幹 ＋ -겠- 意思の先語末語尾(～します)

前のレッスン29では推測の意味で出てきた先語末語尾の**-겠-**(P.132)。自分が主語の文では、その場の状況を見て判断した意思を表す意味になります。語幹と語末語尾の間に挟んで使います。

接続パターン　**直接型**

이 빨간 옷으로 하겠어요. この赤い服にします。
제가 이 중에서 고르겠습니다. 私がこの中から選びます。
아무도 없으면 내가 가겠어. 誰もいなかったら僕が行くよ。

④ 動詞語幹 ＋ -(으) ㄹ 거예요 ～するつもりです

前のレッスン29では、推測「～するでしょう」という意味で登場しましたが(P.132)、自分が主語の文では、強い意志を伝えたり所信表明をしたりする意味になります。ハムニダ体が**-(으) ㄹ 겁니다**に、パンマルが**-(으) ㄹ 거야**になるのは推測の意味のときと同じです。

接続パターン　**으型**

담배는 끊을 거예요. たばこはやめるつもりです。
다음에도 롯데호텔에 묵을 겁니다. 次もロッテホテルに泊まるつもりです。
난 꼭 성공할 거야. 私は必ず成功するつもりよ。

⑤ 動詞語幹 ＋ -기로 하다 ～することにする

ある行為を決心することを表します。用言を名詞形にする語尾**-기**(P.117)を使い、それに約束や決定を表す助詞**～로**がついて、「～することに」という意味になります。それに動詞の**하다**(する)を組み合わせた表現です。**하다**の部分をハムニダ体、ヘヨ体、パンマルなどに活用させて使います。

接続パターン **直接型**

남자 친구와 결혼하기로 했습니다. 彼氏と結婚することにしました。
내일 출발하기로 해요. 明日出発することにしましょう。
다시는 안 만나기로 했어. 二度と会わないことにしたよ。

ハムニダ体、ヘヨ体、パンマル以外にも、これまでに学んだいろいろな語尾表現を接続してみましょう。

내일 10시에 만나기로 하자. 明日10時に会うことにしよう。
※勧誘の語尾-**자**(～しよう)を接続 P.137

이번 주에 만나기로 할까요? 今週、会うことにしましょうか？
※尋ねる・提案の語尾-(**으**) **ㄹ까요**(～しましょうか？)を接続 P.136

このように、これまでに学んだ語尾表現を組み合わせて展開していくことにも少しずつ挑戦していきましょう。

かくにんドリル

問題1 次の用言に、Ⓐ-(으)ㄹ게요、Ⓑ-(으)ㄹ래요、Ⓒ-겠어요、Ⓓ-(으)ㄹ 거예요をつけてみましょう。

① **일어나다** 起きる

Ⓐ　　　　Ⓑ

Ⓒ　　　　Ⓓ

② **부르다** 呼ぶ

Ⓐ　　　　Ⓑ

Ⓒ　　　　Ⓓ

③ **건너다** 渡る

Ⓐ　　　　Ⓑ

Ⓒ　　　　Ⓓ

問題2 次の日本語を、指定の語尾表現を使って、韓国語にしましょう。

① **毎日30分勉強することにしました。(-기로 하다、-였-、-어요)**
매일 毎日、**30분** 30分、**공부하다** 勉強する

② **1時間後にここで会うことにしようか?(-기로 하다、-ㄹ까?)**
1시간 1時間、**뒤에** 後で、**여기서** ここで、**만나다** 会う

025

「～してあげます」と相手に援助を持ち掛ける表現を学びます。積極的に援助する気持ちを伝える表現と、相手の意向を伺いつつ援助を申し出る表現に分けて見てみましょう。

積極的な援助

① 動詞語幹 ＋ -아/어 줄게요 ～してあげます

こちらから援助を持ち掛ける表現です。**-아/어 주다**(～してやる)に、意志を表す語尾**-(으)ㄹ게요**(～します、P.140)がついた形です。なお、最後の**요**を取って**-아/어 줄게**(～してあげる)とパンマルで使うこともできます。

接続パターン **아/어型**

일본어 부분 읽어 줄게요.
日本語の部分、読んであげます。

기념으로 사진 한 장 찍어 줄게요.
記念に写真1枚撮ってあげます。

밥은 내가 사 줄게.
ご飯は私がおごってあげるよ。

② 動詞語幹 ＋ -아／어 드릴게요 ～して差し上げます

これも、こちらから援助を持ち掛ける表現です。謙譲表現**-아／어 드리다**（～して差し上げる、P.092）に、意志を表す語尾**-(으) ㄹ게요**がついた形です。これは目上の人への尊敬を込めた表現なので、パンマルで使われることはありません。

接続パターン **아／어型**

어울리는 디자인을 찾아 드릴게요.
似合うデザインを探して差し上げます。

얼굴 기미도 점도 다 지워 드릴게요.
顔のシミもほくろも全部消して差し上げます。

제가 안내해 드릴게요.
私が案内して差し上げます。

控えめな援助

① 動詞語幹 ＋ -아／어 줄까요？ ～してあげましょうか？

相手の意向を伺いつつ援助を持ち掛ける表現です。**-아／어 주다**（～してやる）に、提案を表す語尾**-(으) ㄹ까요？**（～しましょうか？、P.136）がついた形です。最後の**요**を取って**-아／어 줄까？**（～してあげようか？）とパンマルで使うこともできます。

接続パターン **아 / 어型**

문 앞까지 짐 들어 줄까요? 門の前まで荷物持ってあげましょうか?

저녁은 만들어 줄까요? 夜ご飯は作ってあげましょうか?

주말에 내가 놀아 줄까? 週末に僕が遊んであげようか?

② 動詞語幹 + -아 / 어 드릴까요?

～して差し上げましょうか?

これも目上の人の意向を伺いつつ、こちらから援助を持ち掛ける表現です。謙譲表現 **-아 / 어 드리다**(～して差し上げる)に提案を表す語尾 **-(으) ㄹ까요?**(～しましょうか?)がついた形です。また、目上の人への敬意を込めた表現なので、パンマルで使われることはありません。

接続パターン **아 / 어型**

창문을 닫아 드릴까요?
窓を閉めて差し上げましょうか?

맛있는 찌개 만들어 드릴까요?
おいしいチゲを作って差し上げましょうか?

잃어버린 지갑, 같이 찾아 드릴까요?
なくした財布、一緒に探して差し上げましょうか?

かくにんドリル

問題1 次の用言に、Ⓐ**-아/어 줄게요**、Ⓑ**-아/어 드릴게요**、Ⓒ**-아/어 줄까요?**、Ⓓ**-아/어 드릴까요?**をつけましょう。

① **빨다** 洗う

Ⓐ Ⓑ

Ⓒ Ⓓ

② **깨우다** 起こす

Ⓐ Ⓑ

Ⓒ Ⓓ

③ **업다** 背負う

Ⓐ Ⓑ

Ⓒ Ⓓ

問題2 次の日本語を、指定の語尾表現を使って、韓国語にしましょう。

① **一生、君を守ってあげる。(-어 줄게)**
평생 一生、**너** 君、**지키다** 守る

② **残した食べ物、包んで差し上げましょうか?(-ㄴ、-여 드릴까요?)**
남기다 残す、**음식** 食べ物、**포장하다** 包む

026

このレッスンでは、「〜できる／できない」という可能・不可能の語尾表現をご紹介いたします。日常生活で頻繁に登場するので、ぜひ覚えて役立ててください！　また、今回のレッスンからは、例文にステップ3で学んだ語尾表現を盛り込んでいきます。その際、その語尾が登場したページを日本語訳の後ろに P.000 で示します（ステップ2で学んだ連体形語尾、敬語は示しません）。これなんの語尾だっけ？と思ったら、ページをさかのぼって確認しましょう！

① 動詞語幹 ＋ -(으)ㄹ 수 있다／없다

〜できる／できない

これは、ある事柄をする能力の有無を表します。未来連体形の語尾 **-(으)ㄹ**、「すべ」という意味の依存名詞**수**、存在詞の**있다／없다**から成る表現です。**있다／없다**の部分を活用させて使います。

接続パターン　**으型**

내일 만날 수 있어요. 明日、会えます。
네 생각은 도저히 이해할 수 없어. 君の考えは到底理解できないよ。
이해할 수 없는 내용의 책이었습니다. 理解できない内容の本でした。
목요일에 만날 수 있을까요? 木曜日に会えるでしょうか？ P.136

② 動詞語幹 + -(으)ㄹ 줄 알다/모르다

～できる／できない

これは、何かをする方法を知っていてできる、知らないのでできないという意味を表します。未来連体形の語尾**-(으)ㄹ**、「方法」という意味の依存名詞**줄**、「知る／知らない」という意味の動詞**알다**/**모르다**から成る表現です。**알다**/**모르다**を活用させて使います。

接続パターン　**으型**

기타를 칠 줄 알아요? ギターを弾けますか？
김치찌개는 만들 줄 몰라요. キムチチゲは作れません。
한글을 읽을 줄 아세요? ハングルの読み方をご存じですか？

③ 못 + 動詞 ～できない

動詞の前に**못**をつけるだけで、簡単に不可能の表現を作ることができます。**못**は「ある状態に達していない」という意味を持つ副詞です。後ろの動詞を活用させることで、さまざまなニュアンスを表すことができます。

고추는 못 먹어. 唐辛子は食べられないよ。
아이는 가만히 못 있어요. 子どもは静かにいられません。
저는 못 갈 것 같아요. 私は行けないと思います。P.133

ただし、**운동하다**(運動する)や**공부하다**(勉強する)のような**하다**で終わる動詞につける場合、**못**は**하다**の直前に入れます。

운동 못 해요. 運動できません。
공부 못 합니다. 勉強できません。

④ 動詞語幹 + -지 못하다 ～できない

これも「あることができない」ということを表しますが、先ほどの「**못**＋動詞」とは違い、こちらは**못하다**という一語で未到達を表す補助動詞(別の動詞に後続することで意味をつけ加える動詞)なので、**못**と**하다**の間は分かち書きしません。

接続パターン **直接型**

절대 용서하지 못해요. 絶対許せません。
끝까지 말하지 못했던 이야기가 있어.
最後まで言えなかった話があるんだ。

ここまでざっと可能と不可能の表現を見てきましたが、同じような意味で、使い分けに混乱している方もいらっしゃるのではないでしょうか？可能・不可能の表現は日常会話でも使用頻度が高いので、次のレッスンで、じっくり使い分けを見ていきましょう。

かくにんドリル

問題1 次の用言に、①にはⒶ **-(으) ㄹ 수 있다/없다**、②にはⒷ **-(으) ㄹ 줄 알다/모르다**をつけましょう。

① **알아듣다** 聞き取る(ㄷ変則)

Ⓐ ／

② **쓰다** 使う

Ⓑ ／

問題2 次の日本語を、指定の語尾表現を使って、韓国語にしましょう。

① **もう我慢できません。(-을 수 없다、-어요)**
더는 もう、**참다** 我慢する

② **開けられない扉。(-지 못하다、-는)**
열다 開ける、**문** 扉

③ **公演会場には入れないと思います。(못+動詞、-ㄹ 거예요)**
공연장 公演会場、**들어가다** 入る

027

前のレッスンで可能・不可能の語尾表現をご紹介しましたが、それらをどのように使い分けるのかを見ていきましょう。

可能表現の使い分け

-(으)ㄹ 수 있다は単純に、「～できる」という可能を表します。日本語で「～できる」と言いたいシチュエーションであれば、どんな状況でも使えます。一方**-(으)ㄹ 줄 알다**は、それをする方法を知っていることを表す場合にのみ使われます。習得した能力に使われることが多いです。

① **꽁치를 먹을 수 있어요.** サンマを食べられます。
② **꽁치를 먹을 줄 알아요.** サンマを食べられます。

①の場合は、好き嫌い的な意味の「食べられる」となり、②の場合は、マナーや骨の剝がし方など「食べ方を知っている」という意味の「食べられる」になります。

では、**-(으) ㄹ 수 있다**しか使えないパターンを確認しておきましょう。それは、個人の能力に関係なく、それが可能であることを表す場合です。例えば、次のような場合です。

○ **전철로는 5분 빨리 갈 수 있어요.** 電車では５分早く行けます。
× **전철로는 5분 빨리 갈 줄 알아요.**

ここで「５分早く行ける」のは個人の能力には関係ないので、**-(으) ㄹ 줄 알다**は使えません。

不可能表現の使い分け

先ほどのレッスンで、**-(으) ㄹ 수 없다**、**-(으) ㄹ 줄 모르다**、**못**＋動詞、**-지 못하다**と四つの不可能の表現をご紹介しました。それらをどのように使い分けるのかを見ていきましょう。

-(으) ㄹ 수 없다は単純に、「～できない」という不可能を表します。日本語で「～できない」と言いたいシチュエーションであれば、どんな状況でも使えますが、個人の能力にかかわらず「できない」と表したいときに主に使われます。それに対して**-(으) ㄹ 줄 모르다**はそれをする方法を知らないことを表します。

また、**못**＋動詞と**-지 못하다**は個人の能力が足りなくて「できない」ことを表しますが**못**＋動詞は話し言葉で、**-지 못하다**は書き言葉や改まった場での口語として使われます。

ざっとご説明しましたが例文を比較して詳しく見てみましょう。

이 새우는 먹을 수 없어요. このエビは食べられません。
※そのエビが腐っているなど、個人の能力に関係ない理由で食べられない。

새우를 먹을 줄 몰라요. エビを食べられません。
※殻のむき方が分からない、料理法が分からないなど、食べ方を知らなくて食べられない。

새우는 못 먹어요. エビは食べられません。(話し言葉)
새우는 먹지 못해요. エビは食べられません。(書き言葉)
※甲殻類アレルギーなど、個人の能力が備わっていないので食べられない。

このように使い分けをしますが、まだ覚えたての語尾を瞬時に判断し使い分けるというのは至難のわざだと思います。現段階では、ゆっくりでいいので、どれを使うか丁寧に考えながら文を作る練習をしてみましょう。

韓国語に限った話ではないですが、外国語には日本語の感覚にはない細かな使い分けがあります。使い分けは頭で理解した内容を実際に使いながら、時に間違いながら体得していくものなので、習得するのには長い時間がかかります。自分で作った文を声に出して読んだり、ドラマや映画を見たり、本を読んだり、とにかくより多くの生きた韓国語に触れ、それをインプット＆アウトプットしてみましょう！

かくにんドリル

問題 次の文で、下線部はかっこ内のどちらを使うのがより適切か考え、○をつけましょう。どちらも使える場合は、両方に○をつけましょう。

① お酒を飲みました。だから(車の)運転できません。

술을 마셨어요. 그래서
(운전할 수 없어요 / 운전할 줄 몰라요).

② クーポンを使うと、もう一つもらえます。

쿠폰을 사용하면 하나 더
(받을 수 있어요 / 받을 줄 알아요).

③ 足をけがしたみたいです。歩けません。

다리를 다친 것 같아요.
(못 걸어요 / 걸을 줄 몰라요).

④ 私は手品をすることができます。

저는 마술을
(할 수 있어요 / 할 줄 알아요).

⑤ 背が低い子どもは、このローラーコースターに乗れません。

키가 작은 아이는 이 롤러코스터를
(탈 수 없어요 / 못 타요).

Lesson 35 目的

028

このレッスンでは、話し手の目的を表す語尾表現をご紹介します。これまでに学んだ語尾表現だけでも、相当な数になります。ステップの初めの方でやった語尾表現なんだっけ？というような方もいらっしゃるでしょう。でも大丈夫です！　このステップの目的は、多くの語尾表現に触れることです。一度に覚えようとせず、今後韓国語の学習を続ける上で、このステップに何度でも戻ってきて、辞書のように語尾表現を引いていただければと思います！

① 動詞語幹 + -(으)러 ～しに

これは、目的を表す語尾です。後ろには**가다**(行く)や**오다**(来る)が来ることが多く、**-(으)러 가다/오다**(～しに行く、～しに来る)という意味で使われます。**가다/오다**を活用させることで、さまざまなニュアンスを表すことができます。

接続パターン　으型

딸은 도서관에 공부하러 갔어요. 娘は図書館に勉強しに行きました。

시간 있으면 놀러 와. 時間あったら遊びに来て。

영화 보러 갈래요? 映画見に行きましょうか？P.137

② 動詞語幹 + -(으)려고 ～しようと

これは、行動の意図を表す語尾です。**-(으)려고**の後ろにはさまざまな動詞が来ますが、代表的なものとして**하다**をつけた、**-(으)려고 하다**(～しようと思う)という表現があります。使用頻度の高い表現なので、まずはこの表現を覚えておいてください。

接続パターン **으型**

그 사람 잊으려고 합니다. その人(のことを)忘れようと思います。
영어를 배우려고 해요. 英語を学ぼうと思います。
의사가 되려고 노력했어요. 医者になろうと努力しました。
유학을 하려고 돈을 모았어요. 留学をしようと、お金をためました。

また、**-(으)려고**の後ろの動詞を省略して、「～しようと思って……」のように後ろの内容を濁して表現することもできます。この場合は**-(으)려고요**と**요**をつけることで丁寧なニュアンスを出すこともできます。

A：**왜 밥 안 먹어?**
なんでご飯食べないの？
B：**아니 다이어트 좀 하려고...**
いや、ちょっとダイエットしようと思って……。

A：**아르바이트해요?**
アルバイトするんですか？
B：**네, 내년에 유학하려고요.**
はい、来年留学しようと思いまして。

③ 動詞語幹 + -기 위해서 ～するために

目的を達成するために、何か行動をする際に使える表現です。用言を名詞形にする語尾**-기**(P.117)を使い、**위하다**(～のためだ)という意味の動詞に語尾**-아서**/**어서**(P.125)がついて、**-기 위해서**となります。**-기 위해**という形でもよく使われます。

接続パターン	**直接型**

한국 기업에 취직하기 위해서 토픽 시험을 봤어요.
韓国企業に就職するためにTOPIK(韓国語能力試験)の試験を受けました。

한국어를 공부하기 위해 서울로 유학 갔습니다.
韓国語を勉強するためにソウルに留学しました。

さらに**위하다**を過去連体形(P.072)にすることで、次のような表現も可能です。

케이크를 만들기 위한 재료를 준비했어요.
ケーキを作るための材料を準備しました。

당신을 위한 시예요.
あなたのための詩です。

ちなみに、「【名詞】のために」という文を作るときは、**~를/을 위해(서)**を使います。

아버지를 위해서 책을 사 드렸습니다. 父のために本を買って差し上げました。
졸업생들을 위해 부르는 노래. 卒業生たちのために歌う歌。

かくにんドリル

問題1　次の用言に、Ⓐ**-(으)러**、Ⓑ**-(으)려고**、Ⓒ**-기 위해서**をつけましょう。

① **놀다** 遊ぶ（ㄹ語幹）

Ⓐ ____________　Ⓑ ____________

Ⓒ ____________

② **받다** 受け取る

Ⓐ ____________　Ⓑ ____________

Ⓒ ____________

③ **시작하다** 始める

Ⓐ ____________　Ⓑ ____________

Ⓒ ____________

問題2　次の日本語を、指定の語尾表現を使って、韓国語にしましょう。

① **写真を撮りに釜山に行きます。(-으러、-아요)**
사진 写真、**찍다** 撮る、**부산** 釜山、**가다** 行く

____

② **試合に勝つためにたくさん練習しました。(-기 위해서、-였-、-ㅂ니다)**
시합 試合、**~을 이기다** ～に勝つ、**많이** たくさん、**연습하다** 練習する

____

029

このレッスンでは、因果関係を説明する語尾表現をご紹介します。人に何かを説明するときに必須で、どれも登場頻度が高いので、ぜひ覚えておきましょう！

① 語幹 ＋ -(으)니까 ～するから、～いから、～だから

これは基礎編（基 P.224）やステップ1（P.026）でも登場した、おなじみの語尾ですね。**-(으)니까**の前につく語幹部分が後ろに来る文章の根拠、前提となっていることを表します。話者の主観が根拠となっているため、後ろには勧誘や命令、依頼など話者の気持ちのこもった表現が使えます。

接続パターン　**으型**

저 길은 막히니까 이 길로 가요.
あの道は混んでいるから、この道で行きましょう。

과자를 좋아하니까 살찌는 것 같아요.
お菓子が好きだから太るんだと思います。 P.134

양이 많으니까 나눠서 먹자.
量が多いので、分けて食べよう。 P.125 P.137

② 語幹 ＋ -기 때문에 ～するので、～いので、～ために

これは、語幹部分の事柄が理由や原因であることを表します。用言を名詞化する語尾**-기**(P.117)を使い、それに**때문**(～のせい)という依存名詞、助詞の**에**をつけて**-기 때문에**となります。客観的な事実を根拠としているニュアンスがあります。

接続パターン **直接型**

비가 오기 때문에 우산을 가지고 나왔어요.
雨が降るので傘を持って出ました。P.124

좌석 수가 적기 때문에 예약할게요.
座席数が少ないので予約しますね。P.140

また、名詞の後ろに**때문**を直接置くこともできます。

비 때문에 기분이 우울해요. 雨のせいで気分がゆううつです。
너 때문에 아무것도 못 해. 君のせいで何もできない。P.149

ちなみに、**때문**に指定詞**이다**をつけて活用させることで、理由を述べる文を作ることもできます。

마음이 아픈 것은 사랑하기 때문입니다.
胸が痛いのは、愛しているからです。

같은 실수를 하기 때문이에요.
同じ失敗をするからです。

네 마음을 이해하기 때문이야.
君の気持ちを理解しているからだよ。

③ 語幹 ＋ -아서 / 어서 ～するので、～いので、～だから

動作や時間の前後関係を表す語尾(P.125)として学びましたが、因果関係を述べる語尾としても使えます。語尾**-아서 / 어서**は**서**が省略されて**-아 / 어**という形になることもあります。一般的で普遍的な因果関係で用いられる傾向があります。ちなみに、**-아서 / 어서**の前に先語末語尾**-았 / 었-**と**-겠**-はつけられません。

接続パターン **아 / 어型**

유리창이 깨져서 손을 다쳤어요. 窓ガラスが割れて指をけがしました。
많이 먹어서 배불러요. たくさん食べたので、お腹がいっぱいです。
너무 예뻐서 한눈에 반했어요. とてもきれいで、ひと目でほれました。
마음이 아파 견딜 수 없어요. 胸が痛くて、耐えられません。P.148

なお、①の**-(으)니까**は後ろに勧誘や命令の表現が使えますが、②**-기 때문에**と③**-아서 / 어서**は後ろに勧誘・命令・依頼の表現は使えません。

○ **추우니까 집에 가자.** 寒いから家に行こう。

× **춥기 때문에 집에 가자.**
× **추워서 집에 가자.**

かくにんドリル

問題1 次の用言に、Ⓐ**-(으)니까**、Ⓑ**-기 때문에**、Ⓒ**-아서/어서**をつけましょう。

① **자라다** 育つ

Ⓐ ______ Ⓑ ______

Ⓒ ______

② **낫다** 治る(ㅅ変則)

Ⓐ ______ Ⓑ ______

Ⓒ ______

③ **어둡다** 暗い(ㅂ変則)

Ⓐ ______ Ⓑ ______

Ⓒ ______

問題2 次の日本語を、指定の語尾表現を使って、韓国語にしましょう。

① **つらくて涙が出ました。(-어서、-았-、-어요)**
힘들다 つらい、**눈물** 涙、**나다** 出る

______

② **遠いので、朝に出発します。(-니까、-겠-、-습니다)**
멀다 遠い、**아침** 朝、**출발하다** 出発する

______

Lesson 37 条件・仮定

⬇030

このレッスンでは、条件や仮定の表現をご紹介いたします。今回、品詞によってつける語尾の形が異なるものが登場します。ステップ2で学んだ連体形語尾(P.076)のときと同様に、慌てず、品詞をしっかり見極めて、つける語尾を選びましょう。

① 語幹 ＋ -(으)면 ～すると、～すれば、～いなら、～なら

これは、基礎編(基P.224)やステップ1 (P.022)で学んだ条件・仮定の語尾です。「前の条件が満たされた場合、後ろのことが起きる」「前のことを仮定して後ろのことを想像する」といったことを表します。

接続パターン 으型

봄이 되면 꽃이 핍니다. 春になると花が咲きます。

민수가 교실에 있으면 전해 주세요.
ミンスが教室にいたら伝えてください。P.128

하얀 눈이 내려오는 하늘을 보면 당신이 생각납니다.
白い雪が降る空を見ると、あなたを思い出します(あなたが思い出されます)。

② 動詞語幹 ＋ -ㄴ다면/는다면 ～するのなら
形容詞・存在詞語幹 ＋ -다면 ～いのなら、～のなら
指定詞語幹 ＋ -라면 ～だとしたら、～ではないのなら

この条件・仮定を表す語尾は、品詞によってつく形が異なります。これまでになかったタイプですので、品詞ごとの例文で確認しましょう。

接続パターン **直接型**

〈動詞〉

네가 간다면 나도 갈래. 君が行くのなら僕も行くよ。P.140

술 먹는다면 가게까지 걸어갈게.
お酒を飲むのなら、店まで歩いて行くよ。P.140

〈形容詞・存在詞〉

돈이 많다면 집을 사고 싶어요.
お金がたくさんあったら(多いなら)、家を買いたいです。

작은 가능성이라도 있다면 도전할 거예요.
小さな可能性でもあるのなら、挑戦します。P.141

〈指定詞〉

사과라면 필요 없어요. 謝罪だとしたら、必要ありません。

이게 정답이 아니라면 뭐가 정답이에요?
これが正解じゃないのなら、何が正解ですか？

①と②の語尾には次のような違いがあります。

민수가 있으면 전해 주세요. ミンスがいたら伝えてください。
민수가 있다면 전해 주세요. ミンスがいるのなら伝えてください。

①は「いたら」と話者が選択肢や条件を示すのに対し、②は相手からの情報を受けて「(相手から聞いたこと)ならば」と仮定する働きがあります。

③ 語幹 ＋ -아도 / 어도 (たとえ)〜しても、〜くても、〜でも

前の部分の内容のように仮定しても、後ろの内容には影響を及ぼさないことを表す語尾です。

接続パターン **아 / 어型**

당신이 떠나도 평생 잊지 않겠습니다.
あなたが去ったとしても、生涯忘れません。P.141

돈만 있어도 행복하지 않아요.
お金だけあっても幸せではありません。

네가 없어도 혼자 살 수 있어.
君がいなくても一人で生きられるよ。P.148

かくにんドリル

問題1　次の用言に、Ⓐ-(으)면、Ⓑ-ㄴ다면/는다면、-다면、-라면、Ⓒ-아도/어도をつけましょう。

① **가르치다** 教える

Ⓐ

Ⓑ

Ⓒ

② **괜찮다** 大丈夫だ

Ⓐ

Ⓑ

Ⓒ

③ **얼다** 凍る(ㄹ語幹)

Ⓐ

Ⓑ

Ⓒ

問題2　次の日本語を、指定の語尾表現を使って、韓国語にしましょう。

① **この問題は間違えても大丈夫です。(-어도、-아요)**
이 この、**문제** 問題、**틀리다** 間違える、**괜찮다** 大丈夫だ

② **5分待てば、バスが来ます。(-면、-ㅂ니다)**
5분 5分、**기다리다** 待つ、**버스** バス、**오다** 来る

Lesson 38 状態を表す

031

このレッスンでは、ある人や物がどのような状態であるのかを表す表現をご紹介いたします。

状態の継続

① 動詞語幹 ＋ -고 있다 ～している

-고 있다は「動作が終わっておらず進行中である」ことを強調する表現です。**있다**の部分を活用させて使います。

接続パターン **直接型**

지금 밥을 먹고 있어요. 今ご飯を食べています。

택시로 가고 있습니다. タクシーで向かっています。

지금쯤 공원에서 놀고 있을 거예요.
今ごろ、公園で遊んでいると思います。 P.132

② 動詞語幹 ＋ -아 / 어 있다 ～している

ある動作が完了し、完了した状態が継続していることを表します。**있다**の部分を活用させて使います。

接続パターン **아 / 어型**

꽃이 피어 있어요. 花が咲いています。
문이 열려 있었어요. 扉が開いていました。

①と②の違いを例文で確認しておきましょう。

태수가 오고 있어요. テスが来ています。
※今まさにテスがこちらに向かってきている途中で、到着していない。

태수가 와 있어요. テスが来ています。
※テスがすでに来て、到着している。

また、①、②どちらの表現も、**있다**を**계시다**(P.086)に変えると、敬意を込めた表現になります。

선생님은 수업을 하고 계세요. 先生は授業をしていらっしゃいます。
교수님은 저기 앉아 계십니다. 教授はあそこに座っていらっしゃいます。

状態の変化

① 形容詞語幹 ＋ -아지다 / 어지다 ～くなる、～になる

これは形容詞で使われる表現で、ある状態へと変化していくことを表します。変化の過程に焦点を当てた表現です。**-아지다 / 어지다**を活用させて使います。

接続パターン **아 / 어型**

마사지를 하면 얼굴이 작아져요.
マッサージをすると顔が小さくなります。P.164

날마다 추워지는 것 같아요.
日ごとに寒くなるようです。P.134

② 動詞語幹 ＋ -게 되다 ～することになる

これは動詞で使われる表現で、副詞形を作る語尾**-게**(P.116)と、「なる」という意味の動詞**되다**から成ります。**되다**を活用させて使います。

接続パターン **直接型**

내년에 이사를 가게 됐어요. 来年、引っ越しすることになりました。
우연히 알게 됐어요. 偶然、知ることになりました。

かくにんドリル

問題1 次の用言に、Ⓐ**-고 있다**、Ⓑ**-아/어 있다**をつけましょう。

① **떨어지다** 落ちる Ⓐ Ⓑ

② **바뀌다** 変わる Ⓐ Ⓑ

③ **모이다** 集まる Ⓐ Ⓑ

問題2 次の用言の品詞を見極め、**-아지다/어지다**もしくは**-게 되다**をつけましょう。

① **크다** 大きい

② **멀다** 遠い

③ **쓰다** 使う

問題3 次の日本語を、指定の語尾表現を使って、韓国語にしましょう。

① **合格するために、努力するようになりました。(-기 위해서、-게 되다、-었-、-어요)**
합격하다 合格する、**노력하다** 努力する

② **朝5時には明るくなるでしょう。(-아지다、-ㄹ 거예요)**
아침 朝、**5시** 5時、**밝다** 明るい

032

このレッスンでは、命令・義務・許可に関する表現をご紹介します。特に命令は語調が強いため、使いどころには注意が必要です。該当の項目をしっかり読んで、気をつけながら使いましょう！

命令

動詞語幹 ＋ -아라 / 어라　～しろ

命令するときに使う語尾で、もちろん目上の人には使えません。使えるのは親子や軍隊など上下関係が明確な場合や、パンマルを使い合う仲に限られます。

接続パターン **아 / 어型**

놀지 말고 공부해라. 遊んでないで勉強しなさい。
손을 씻어라. 手を洗え。

やわらかいニュアンスで相手に何かを命令する場合は、依頼の**-(으)세요**(P.128)や、ヘヨ体、パンマルを使います。

쓰레기는 쓰레기통에 버리세요. ごみはごみ箱に捨ててください。
조용히 해요. 静かにしてください。
네가 먼저 가. 君が先に行って。

義務

語幹 + -아야/어야 하다

～しなくてはならない、～くなくてはならない、～でなくてはならない

これは、あることをしなくてはならない、ある状態でなければならないという義務を表します。**-아야/어야 하다**と同じ意味で、**-아야/어야 되다**もよく使われます。

接続パターン **아/어型**

이제 출발해야 합니다. もう出発しなくてはなりません。

한자는 정확하게 써야 합니다.
漢字は正確に書かなくてはなりません。P.116

끝내야 할 **시간이 되었습니다.**
終わらせなくてはならない時間になりました。

이 방은 신발을 벗어야 됩니다. この部屋は靴を脱がなくてはなりません。

너는 꼭 행복해야 돼. 君は必ず幸せにならなくてはいけないよ。

許可

語幹 + -아도/어도 되다

～してもいい、～くてもいい、～でもいい

これは、あることをしても構わない、ある状態でも構わないと許可する表現です。仮定を表す**-아도/어도**(P.166)と、「よい、構わない」という意味の動詞**되다**から成る表現です。

接続パターン **아／어型**

솔직하게 말해도 됩니다. 正直に話してもいいです。 P.116

1시가 되면 들어가도 돼요. 1時になったら入ってもいいです。 P.164

불 꺼도 돼요? 明かり消してもいいですか？

창문 닫아도 됩니까? 窓閉めてもいいですか？

また、**-아도／어도 되다**の**-아도／어도**の前に否定の**-지 않다**(P.021)が来て、**-지 않아도 되다**(～しなくてもいい)という表現もよく使うので覚えておきましょう。

接続パターン **直接型**

미리 예약하면 줄을 서지 않아도 돼요.
事前に予約すれば列に並ばなくてもいいです。 P.164

주말까지 일하지 않아도 됩니다.
週末まで仕事しなくてもいいです。

날씬하니까 다이어트하지 않아도 돼요.
細いので、ダイエットしなくてもいいです。 P.160

-지 않아도 되다はすべて、基礎編で学んだ否定の**안**(基P.198)＋**-아도／어도 되다**に置き換えることができます。

줄을 안 서도 돼요. 列に並ばなくてもいいです。

일을 안 해도 됩니다. 仕事をしなくてもいいです。

かくにんドリル

問題 1　次の用言に、それぞれⒶ**-아라 / 어라**、Ⓑ**-아야 / 어야 하다**、Ⓒ**-아도 / 어도 되다**をつけましょう。

① **잊다** 忘れる

Ⓐ

Ⓑ

Ⓒ

② **팔다** 売る

Ⓐ

Ⓑ

Ⓒ

問題 2　次の日本語を、指定の語尾表現を使って、韓国語にしましょう。

① **荷物を 3 時まで待たなくてはなりません。(-어야 하다、-ㅂ니다)**
짐 荷物、**3시** 3時、**기다리다** 待つ

② **時間はたくさんあるから、ゆっくり食べろ。(-으니까、-어라)**
시간 時間、**많다** たくさんある、**천천히** ゆっくり、**먹다** 食べる

⬇033

語尾表現の学習も佳境に入ってきました。ここからは比較的会話でよく使われる語尾をご紹介いたします。ドラマなどでよく聞く語尾が出てくるので、楽しみながら進めてください!

説明

① 動詞・存在詞語幹 + -는데 ~するんだけど
形容詞・指定詞語幹 + -(으)ㄴ데
~いんだけど、~なんだけど

この語尾は品詞によってつく形が違う語尾ですが、「現在連体形(P.064)+데」になっているので理解しやすいでしょう。説明する際に、前置きをしたり比較したりするときに使います。

〈動詞・存在詞〉 接続パターン **直接型**

서울 가는데 버스를 타야 해요?
ソウルに行くのですがバスに乗らなければなりませんか? P.173

여권은 있는데 비자가 없어요. パスポートはあるんですが、ビザがありません。

〈形容詞・指定詞〉 接続パターン **으型**

배고픈데 밥이 없어요. おなかはすいてるんだけど、ご飯がありません。

얼굴은 괜찮은데 성격이 좀... 顔は良いんだけど、性格がちょっと……。

배우인데 노래도 잘 불러요. 俳優なのですが歌も上手に歌います。
가수가 아닌데 노래를 잘 불러요. 歌手じゃないのですが、歌を上手に歌います。

指定詞**이다**の場合、名詞最後の文字にパッチムがなければ、語幹**이**を省略して名詞に直接**-ㄴ데**をつけることも可能です。

배운데 노래도 잘 불러요.

この語尾は、文と文を接続する語尾としても使えますが、文の終わりでも使うことができ、「～なんだけど」という意味になります。その際、最後に**요**をつけると「～なんですが」とヘヨ体になります。

나도 그 사람 좋아하는데... 私もその人のこと好きなんだけど……。
아직 일하는 중인데요. まだ仕事している途中なのですが。

② 語幹 ＋ -거든요 ～するんですよ、～いんですよ、～なんですよ

聞き手が知らない情報を説明したり、聞き手が知らない話題を提示したりするときに使います。**요**を取って**-거든**(～するんだよ、～いんだよ、～なんだよ)とパンマルにもできます。

接続パターン **直接型**

거짓말도 못 하는 솔직한 사람이거든요.
うそも言えない正直な人なんですよ。P.149

지금 좀 바쁘거든. 나중에 얘기해.
今ちょっと忙しいんだよ。後で話して。

確認

語幹 + -지요? ～ですよね？

話者が考えていることや、すでに知っていることを、聞き手に確認するときに使います。**-지요?**を**죠?**と縮約して使うこともよくあります。**요**を取って**-지?**（～でしょ？）とパンマルで使うこともできます。

接続パターン **直接型**

어머니가 만든 찌개 맛있지요? 母が作ったチゲ、おいしいでしょう？
그 사람과 결혼해서 행복하죠? その人と結婚して、幸せでしょう？P.162
한국은 많이 춥지? 韓国はすごく寒いでしょ？
너, 학생이지? 君、学生だろ？

また、この語尾は確認のニュアンス以外にも以下のようなニュアンスがあり、その使用シーンは多岐にわたります。一応ご紹介しておくので、余裕があったら覚えておきましょう！

●自分の考えを「～ですよ」とやわらかいニュアンスで述べる

우울한 날도 있죠. ゆううつな日もありますよ。
그건 잘 이해하지. それはよく理解しているよ。

●聞き手に命令したり、すすめたりするニュアンス

얼른 출발하지요. 今すぐ出発しましょう。
식기 전에 드시지요. 覚める前に召し上がってください。P.120

かくにんドリル

問題1　次の用言に、Ⓐ**-는데**、**-(으)ㄴ데**、Ⓑ**-거든요**、Ⓒ**-지요?** をつけましょう。

① **맞다** 合う

Ⓐ

Ⓑ

Ⓒ

② **춥다** 寒い(ㅂ変則)

Ⓐ

Ⓑ

Ⓒ

③ **다르다** 異なる

Ⓐ

Ⓑ

Ⓒ

問題2　次の日本語を、指定の語尾を使って、韓国語にしてみましょう。

① **これとても辛いですが、食べますか？　(-ㄴ데、-을 수 있다、-어요)**
이거 これ、**아주** とても、**맵다** 辛い、**먹다** 食べる

② **明日会議がありますよね？(-지요?)**
내일 明日、**회의** 会議、**있다** ある

034

このレッスンでは、自分の感想を述べたり、相手の発言に対してリアクションしたりするときに使える語尾をご紹介します。

① 動詞・形容詞・存在詞語幹 ＋ -다니

～するとは、～いとは、～だとは

指定詞語幹 ＋ -라니 ～だとは

ある事実を知った驚きを表したり、信じられないというニュアンスを表したりする語尾です。また、文末に使うときだけですが、最後に**요**をつけて**-다니요**、**-라니요**と、ヘヨ体にもできます。指定詞につく形だけが異なります。

接続パターン **直接型**

〈動詞・形容詞・存在詞〉

거짓말을 하다니 정말 실망이야. うそをつくなんて、本当にがっかりだ。

도로에 쓰레기를 버리다니! 道路にごみを捨てるなんて！

당신이 배신하다니요... あなたが裏切るとは……。

〈指定詞〉

이 감정이 사랑이라니! この感情が愛だとは！

저 아저씨가 사장님이 아니라니요... あのおじさんが社長じゃないとは……。

② 動詞語幹 ＋ -는구나 ～するんだなあ、～するんだね
形容詞・存在詞・指定詞語幹 ＋ -구나
～いんだなあ、～だなあ

新たに知った事実に関しての感嘆や、他人から聞いた情報について自分の納得を示すときに使うパンマルの語尾です。動詞とそれ以外の語幹につく形が異なります。

接続パターン **直接型**

〈動詞〉

어려운 책을 읽는구나. 難しい本を読むんだなあ。

살찌고 그래서 운동하는구나. 太って、それで運動するんだね。

〈動詞以外〉

역시 비싼 김밥은 맛이 다르구나. やっぱり高いキンパは味が違うなあ。

역시 배우는 멋있구나. やっぱり俳優はかっこいいなあ。

무뚝뚝하게 보이는데 착한 사람이구나.

無愛想に見えるけど、優しい人なんだなあ。P.116 P.176

この語尾は**구나**の部分を縮約して**군**にすることもできます。さらに、**군**にすることで、**요**をつけて**-는군요**、**-군요**とへヨ体にもできます。

열심히 공부하는군. 一生懸命勉強するんだねえ。

요리를 할 줄 아는군요. 料理をすることができるんですね。P.149

벌써 대학생이군요. もう大学生なんですねえ。

③ 語幹 ＋ -네요 ～するんですね、～いんですね、～ですね

直接経験したことや、新たに知った事実に関して感嘆したり、同意したりするときに使います。**요**を取って、**-네**(～するんだね、～いんだね、～だね)と、パンマルにもできます。

接続パターン **直接型**

맛도 괜찮은데 가격도 싸네요. 味もいいんだけど、価格も安いですね。P.176

벌써 가을이네요. もう秋ですね。

한복이 잘 어울리네. 韓服がよく似合うね。

참 예쁘게 웃네. 本当にかわいらしく笑うね。P.116

②は他人から聞いた情報についてリアクションするときに使えますが、③は直接経験して見知ったことにリアクションするときしか使えません。

A：**선생님은 이미 퇴근하셨어요.** 先生はすでに退勤なさいました。

B：**아, 그렇군요.** あ、そうですか。

※先生が退勤したことを自分では確認していない。

B：**아, 그렇네요.** あ、そうですね。

※先生が帰った後のデスクなどを見て、自分も先生が退勤したことを直接確認した。

かくにんドリル

問題1 次の用言に、Ⓐ**-다니**、Ⓑ**-는구나**、**-구나**、Ⓒ**-네요**をつけましょう。

① **공부하다** 勉強する

Ⓐ

Ⓑ

Ⓒ

② **아프다** 痛い

Ⓐ

Ⓑ

Ⓒ

③ **없다** ない

Ⓐ

Ⓑ

Ⓒ

問題2 次の日本語を、指定の語尾を使って、韓国語にしましょう。

① **今日が誕生日なんだね。(-군)**
오늘 今日、**생일** 誕生日、**이다** ～だ

② **この器きれいですね。(-네요)**
이 この、**그릇** 器、**예쁘다** きれいだ

Lesson 42
会話でよく使う語尾③（疑問）

035

語尾表現を扱ってきたステップも、このレッスンで最後です！　これまでも、本当にたくさんの語尾表現を学んできました。これらが身についたら会話も怖くありませんが、当然一度読んだだけではなかなか定着しません。今後、何度もこのステップに戻ってきて復習してくださいね！

① 動詞・存在詞語幹 ＋ -는지

～するのか、～するかどうか

形容詞・指定詞語幹 ＋ -(으)ㄴ지

～いのか、～いかどうか、～なのか、～かどうか

品詞によってつく形が違う語尾ですが、「現在連体形(P.064)＋**지**」の形だと理解すると分かりやすいでしょう(ただし、分かち書きはしません)。話者の漠然とした疑問を表します。

〈動詞・存在詞〉　接続パターン　**直接型**

몇 시에 들어오는지 물어봐.　何時に帰ってくるのか聞いてみて。

왜 하나도 없는지 설명해 주세요.　なぜ一つもないのか説明してください。P.128

〈形容詞・指定詞〉　接続パターン　**으型**

반품이 가능한지 전화로 확인하세요.

返品が可能か電話で確認してください。P.128

저 아저씨 누구인지 아세요?

あのおじさん、誰だかご存じですか？

指定詞**이다**の場合、名詞最後の文字にパッチムがなければ、語幹**이**を省略して、名詞に直接**-ㄴ지**をつけることも可能です。

저 아저씨 누군지 아세요?

② 動詞・存在詞語幹 + -나요? ～するのですか？
形容詞・指定詞語幹 + -(으)ㄴ가요?
～いのですか？、～なのですか？

やわらかく相手に何かを尋ねるときに使います。品詞によってつける語尾が異なります。また、**요**を取って、**-나?**(～するの？)、**-(으)ㄴ가?**(～いのかな？、～なのかな？)と、パンマルの独り言のニュアンスになります。

〈動詞・存在詞〉 接続パターン **直接型**

주말에 시간 있나요? 週末、時間あるのですか？

아직 9시인데, 벌써 자나? まだ9時なのに、もう寝るのかな？ P.176

〈形容詞・指定詞〉 接続パターン **으型**

새집은 넓은가요? 新しい家は広いのですか？

사랑해, 그 말조차 거짓말인가요? 愛している、その言葉すらうそなのですか？

그 사람, 키가 큰가? その人、背が高いのかな？

指定詞**이다**の場合、名詞最後の文字にパッチムがなければ、語幹**이**を省略して、名詞に直接**-ㄴ가**をつけることも可能です。

동현이 취미가 댄스가? トンヒョンの趣味はダンスなの？

③ 語幹 ＋ -니？ ～するの？、～いの？、～なの？

これは、目下の人に対して親しげに質問をするときに使う語尾です。パンマルのみで、丁寧な表現はありません。

接続パターン **直接型**

지금 뭐 하니? 今、何してるの？
어디가 그렇게 아프니? どこがそんなに痛いの？

④ 語幹 ＋ -냐？ ～するのか？、～いのか？、～なのか？

これも、目下の人に対して親しげに質問をするときに使いますが、③の**-니**の方が、より親しくやわらかい印象を与えます。反対に**-냐**の方は権威的な印象を与えます。

接続パターン **直接型**

넌 철수하고 친하냐? 君はチョルスと親しいのか？
니가 이 신발의 가치를 아냐? 君がこの靴の価値を分かるのか？

かくにんドリル

問題1 次の用言に、それぞれⒶ**-는지**、**-(으)ㄴ지**、Ⓑ**-나요?**、**-(으)ㄴ가요**、Ⓒ**-니?**、Ⓓ**-냐?**をつけましょう。

① **읽다** 読む

Ⓐ Ⓑ

Ⓒ Ⓓ

② **아니다** 〜ではない

Ⓐ Ⓑ

Ⓒ Ⓓ

③ **있다** ある･いる

Ⓐ Ⓑ

Ⓒ Ⓓ

問題2 次の日本語を、指定の語尾を使って、韓国語にしましょう。

① **どうして悪いことばかり考えるの?(-ㄴ、-니?)**

왜 どうして、**나쁘다** 悪い、**일만** ことばかり、**생각하다** 考える

② **スヒョンがいるか、確認したのか?(-는지、-였-、-냐?)**

수현 スヒョン、**있다** いる、**확인하다** 確認する

Step 3
総合練習ドリル

問題 次の日本語を、指定の語彙とこれまでに学んだ知識を使って韓国語にしましょう。(　)内に文体の指定がある場合は、その文体にしましょう。また、答え合わせ後、文章を声に出して読みましょう。

036

① **毎日30分は韓国語の勉強をすることにしました。(ヘヨ体)**
毎日 **매일**、30分 **30분**、韓国語の勉強 **한국어 공부**、する **하다**、～することにする **-기로 하다**

② **食べられない物は、無理やり食べる必要ありません。(ハムニダ体)**
食べる **먹다**、～できない **-(으) ㄹ 수 없다**、物 **것**、無理やり **억지로**、必要ない **필요 없다**

③ **新しくオープンしたカフェで、コーヒー飲みましょうか？**
新しく **새로**、オープンする **오픈하다**、カフェ **카페**、コーヒー **커피**、飲む **마시다**、～しましょうか？ **-(으) ㄹ까요?**

④ **あの新作映画は、来年に公開されるでしょう。**
あの **저**、新作映画 **신작 영화**、来年 **내년**、公開される **개봉되다**、～するでしょう **-(으) ㄹ 거예요**

⑤ **午後、時間あるなら、一緒に映画見よう！**
午後 **오후에**、時間 **시간**、ある **있다**、～なら **-(으) 면**、一緒に **같이**、映画 **영화**、見る **보다**、～しよう **-자**

⑥ **家を建てようと、一生懸命働いています。(ヘヨ体)**
家 **집**、建てる **짓다**(ㅅ変則)、~しようと **-(으)려고**、一生懸命 **열심히**、働く **일하다**、~している **-고 있다**

⑦ **あいさつしに、家まで訪ねてきたのか?**
あいさつする **인사하다**、~しに **-(으)러**、家 **집**、訪ねる **찾아오다**、~するのか **-냐?**

⑧ **さっきご飯を食べたんだけど、もうおなかがすいたよ。(パンマル)**
さっき **아까**、ご飯 **밥**、食べる **먹다**、~するんだけど **-는데**、もう **벌써**、お腹がすく **배가 고프다**(으語幹)

⑨ **ミンジョンが無事に家に帰ったか確認しろ!**
ミンジョン **민정**、無事に **무사히**、家 **집**、帰る **들어가다**、~するのか **-는지**、確認 **확인하다**、~しろ **-아라/어라**

⑩ **元カレをまだ忘れられないの?**
元カレ **옛날 남자 친구**、まだ **아직도**、忘れる **잊다**、~できない **-(으)ㄹ 수 없다**、~なの? **-니?**

⑪ **いらっしゃる前に必要な書類を準備してください。**
来る **오다**、~する前に **-기 전에**、必要だ **필요하다**、書類 **서류**、準備する **준비하다**、~してください **-(으)세요**

⑫ **終わらせなくてはならない仕事がまだ残っています。(ハムニダ体)**
終わらせる **끝내다**、~しなくてはならない **-아야/어야 하다**、仕事 **일**、まだ **아직**、残る **남다**、~している **-아/어 있다**

Kisokan column
キソカンコラム

僕の失敗談③

韓国の飲食店では、店内で注文した食べ物が食べきれなかった場合、持ち帰り容器に入れて持って帰らせてくれることが多々あります。**포장가능**(包装可能)や、**포장 됩니다**(包装できます)などと店内に書いてあれば確実にやってくれるし、書いていなくても、頼めばやってくれるところはたくさんあります。

あるとき店内で飲食をしていたのですが、食べ物が余ってしまったため、**포장**をお願いしました。店内に「**포장 됩니다**」と書いてあったので、「**포장 해 주세요**(包んでください)」は難なくクリア。しかし頼んだはいいものの、手持ちの袋に入りきらない量だったので、袋を追加でお願いすることにしました。韓国語で「袋ください」と言ったとき、店員のおばちゃんの顔が一瞬で曇るのが見て取れました。聞こえなかったかと思い、もう一度大きめの声で「袋ください」と言ったところ、おばちゃんは諦めたようにゴソゴソと近くの棚をまさぐりはじめました。その直後の光景を、僕は今でも鮮明に覚えています。店のおばちゃんは包んでくれた食べ物を、棚から取り出した「封筒」に入れようとしていたのです‼

一瞬何が起きているのか理解できなかったのですが、ふと原因に気が付きました。「袋」のことを韓国語で「**봉지**」というのですが、そのときの僕は「袋は韓国語で**봉**なんとか」という、うろ覚えの状態で、「**봉지 주세요**(袋ください)」のつもりで「**봉투 주세요**(封筒ください)」と言っていたのでした。

「聞くは一時の恥、聞かぬは一生の恥」ならぬ、「調べるは一時の恥、調べぬは一生の恥」ということを実感した出来事でした。

Step 4

中級に向かうために

Lesson 43
ハンダ体

037

ここまでたくさんの語尾表現に触れ、表現の幅が広がったことを感じていると思います。ここからは、中級へとステップアップするにあたり必要になる知識をご紹介いたします。あと一息、一緒に頑張りましょう！

これまで、ヘヨ体、ハムニダ体、パンマル（タメ口）と、シーンに応じた話し方を学んできましたが、もう一つ、ハンダ体というものがあります。ハンダ体とは、書き言葉で、新聞や法律文、論文などフォーマルな文章で使われます。日本語の常体（だ・である）と同じ感覚です。また同年代か年下相手に対する敬意を込めない話し言葉としても使えます。ちなみに、以前扱った**-냐？**(P.186)や**-자**(P.137)も実はハンダ体です。

ここでは、ハンダ体の中でも、平叙形と呼ばれる「○○は〜〜です」「○○が〜〜します」のように物事を客観的に述べる形について、詳しく見ておきましょう！

動詞のハンダ体（平叙形）

動詞をハンダ体にする場合、語幹末のパッチムの有無に注目します。語幹末にパッチムがなければ語幹に**-ㄴ다**、パッチムがあれば語幹に**-는다**をつけます。なお、**ㄴ**から始まる語尾なので、**ㄹ**語幹用言は**ㄹ**を取って、**-ㄴ다**をつけます(P.037)。

動詞語幹 ＋ -ㄴ다/는다

수요일에 병원에 간다. 水曜日に病院に行く。
매운 고추를 먹는다. 辛い唐辛子を食べる。
시원한 바람이 분다. 涼しい風が吹く。

形容詞、存在詞、指定詞のハンダ体（平叙形）

形容詞、存在詞、指定詞のハンダ体を作る語尾は**-다**です。つまり、辞書形がそのままハンダ体の形なのです。

形容詞・存在詞・指定詞語幹 ＋ -다
（辞書形＝ハンダ体）

그 가게보다 여기가 싸다. その店よりここが安い。
오늘은 좀 춥다. 今日はちょっと寒い。
세상에 나쁜 사람은 없다. 世の中に悪い人はいない。
그는 솔직한 사람이다. 彼は正直な人だ。

否定のハンダ体（平叙形）

否定の表現**-지 않다**（P.021）や**-지 못하다**（P.150）をハンダ体にする場合、**않다**や**못하다**の部分をハンダ体にする必要があります。その際、**-지**がついている用言のハンダ体の作り方を引き継ぎます。

用言が動詞の場合は、動詞のハンダ体の作り方を引き継ぐので、「動詞語幹＋**-ㄴ다/는다**」というルールを適用し、**-지 않는다**、**-지 못한다**となります。

動詞語幹 ＋ -지 않는다、-지 못한다

그날 이후 그녀는 피아노를 치지 않는다.
その日以降、彼女はピアノを弾かない。

너의 생각을 이해하지 못한다. 君の考えを理解できない。

動詞以外の用言は「辞書形＝ハンダ体」なので、**-지 않다**、**-지 못하다**のハンダ体は**-지 않다**、**-지 못하다**のままとなります。

形容詞・存在詞・指定詞語幹 ＋ -지 않다、-지 못하다

눈이 오는데 전혀 춥지 않다. 雪が降るのに、全然寒くない。
딸한테 착하지 못하다. 娘に対して優しくあれない。

韓国語の勉強をするために、韓国の新聞や本を読むことは非常に有効です。そこで使われるのは主にハンダ体なので、これからどんどん知識を増やしていこうとする初中級学習者にとっては、早めに身につけておきたい文体です。会話では同年代か年下と、使える相手が限られるのであまり重要に思えないかもしれませんが、おろそかにせず、きちんと身につけることを推奨いたします！

かくにんドリル

問題1　次の用言を、ハンダ体にしてみましょう。

① **끊다** 切る、断つ

② **마시다** 飲む

③ **조용하다** 静かだ

④ **알다** 分かる

⑤ **모르다** 分からない

問題2　次の用言を、①、②は**-지 않다**、③、④は**-지 못하다**をつけてハンダ体にしてみましょう。

① **달다** 甘い

② **가르치다** 教える

③ **생각하다** 考える

④ **느끼다** 感じる

Lesson 44 直接話法と間接話法

038

ハンダ体に続き、中級へステップアップするための学習事項に「直接話法」「間接話法」というものがあります。まずは直接話法と間接話法とは何かについて、きちんと理解することから始めましょう。

直接話法も間接話法も、どちらも他から仕入れた情報を誰かに伝えるときに使う文法のことですが、以下のような違いがあります。

直接話法…情報を仕入れたときの言葉遣いなども、そのまま引用する
間接話法…仕入れた情報の内容を引用する

例えば田中さんから「私、来年韓国に行くんだー」と話を聞いたとしましょう。その話を別の友達にする場合、

「田中さん、『私、来年韓国に行くんだー』って言ってたよ」
「田中さん、来年韓国に行くんだって」

という2パターンの言い方があります。田中さんの言葉遣いなども変えずに、そのまま引用している上が直接話法、田中さんの言葉遣いを変えて、田中さんが言った内容のみを引用している下が間接話法、ということです。

ちなみに、直接話法では人の言葉をそのまま引用するので、例えば「私」という言葉が出てきても、それは話者自身を指すわけではないということに注意が必要です。

「田中さん、『私、来年韓国に行くんだー』って言ってたよ。」

「田中さん」の言葉に出てくる「私」なので、下線部の「私」が指すのは「田中さん」。

この直接話法・間接話法は使用頻度が高いにもかかわらず苦手とする方がとても多い部分です。しっかりマスターしておきましょう！

直接話法

直接話法にする語尾は**~라고/이라고 하다**です。伝えたい情報が誰かの言った言葉の場合、その言葉を引用符“　”で囲み、ピリオドを書きます。言葉の最後にパッチムがなければ「“言葉.”+**~라고 하다**」、パッチムがあれば「“言葉.”+**~이라고 하다**」となります。**하다**を活用させて使います。

“言葉.” + ~(이)라고 하다 ~と言う

어머니가 “밥 먹어.”라고 했어요. お母さんが「ご飯食べて」と言いました。
후배가 “내일은 추워요.”라고 해요. 後輩が「明日は寒いです」と言います。
친구가 “나 시간 없어.”라고 해서 **도와줬다.**
友達が「俺、時間ない」と言うので手伝った。P.162

また**하다**以外に**듣다**（聞く）や**전하다**（伝える）など他の動詞を使うこともできます。

"내일은 비가 온다."라고 들었어요. 「明日は雨が降る」と聞きました。
"주말은 바빠요."라고 전해 줘. 「週末は忙しいです」と伝えて。P.129

では、間接話法はどうでしょうか？　間接話法にするには、引用する用言の語幹に間接話法の語尾を接続します。直接話法で書かれた先ほどの韓国語を例に見てみましょう。

어머니가 "밥 먹어."라고 했어요.
후배가 "내일은 추워요."라고 해요.
친구가 "나 시간이 없어."라고 해서 도와줬다.

下線を引いた用言の辞書形**먹다**（食べる）、**춥다**（寒い）、**없다**（ない）に、間接話法にする語尾をつけます。

間接話法は用言の品詞によって接続する語尾が異なるので、次のレッスンで、それぞれの品詞にどんな語尾がつくのかしっかり学んでいきましょう！

かくにんドリル

問題1 次の言葉を、引用符“　”とピリオドを使って、直接話法**～라 고 해요**の形にしましょう。

① **가요** 行きます

② **있었어요** ありました・いました

③ **뽑을 거예요** 選ぶでしょう

④ **섞어 주세요** 混ぜてください

⑤ **몰라！** 知らない！

⑥ **살려 줘！** 助けて！

⑦ **먹을 수 있어** 食べられる

⑧ **피아노를 칠 줄 알아요** ピアノを弾けます

039

間接話法は、確かにつまずく方が多い文法事項です。しかし、きちんと整理して考えられれば、決して克服できないものではありません。ここから丁寧にご説明していくので、焦らずじっくり読み進めてください！

動詞の間接話法

動詞の語幹に**-ㄴ다고/는다고 하다**を接続します。パッチムがない語幹には**-ㄴ다고 하다**、パッチムがある語幹には**-는다고 하다**をつけます。**하다**を活用させて使います。

動詞語幹 + -ㄴ다고/는다고 하다 ～するそうだ

直接話法と間接話法を比較して例文を一つ見てみましょう。

〈直接話法〉

제 친구가 "내년에 한국에 가요."라고 해요.
私の友達が「来年韓国に行きます」と言います。

〈間接話法〉

제 친구가 내년에 한국에 간다고 해요.
私の友達が、来年韓国に行くそうです。

　このように、直接話法の**가요**（行きます）の辞書形**가다**に**-ㄴ다고 하다**がついていることが分かります。同じ要領で動詞の間接話法の例文を見てみましょう。

형은 매일 마늘을 먹는다고 합니다.
兄は毎日ニンニクを食べるそうです。

그는 나를 사랑한다고 해요.
彼は私を愛しているそうです。

　また**하다**以外に**듣다**（聞く）や**전하다**（伝える）など他の動詞を使うこともできます。

수희는 하루에 한 권 책을 읽는다고 들었어요.
スヒは１日に１冊本を読むと聞きました。

10시에는 들어온다고 전해 주세요.
10時には帰ってくると伝えて下さい。P.128

形容詞・存在詞の間接話法

　形容詞・存在詞は、語幹末のパッチムの有無にかかわらず**-다고 하다**を接続するだけです。

形容詞・存在詞語幹 ＋ -다고 하다
～いそうだ、～だそうだ、～そうだ

내일은 너무 춥다고 해요.　明日はとても寒いそうです。
다음 주에 학력 테스트가 있다고 합니다.　来週に学力テストがあるそうです。

指定詞の間接話法

指定詞**이다**、**아니다**の二つは、語幹に**-라고 하다**を接続します。ただし、**이다**の前に来る名詞の最後にパッチムがない場合、**이**を省略します。つまり、パッチムで終わらない名詞は**~라고 하다**、パッチムで終わる名詞には**~이라고 하다**がつくと覚えましょう。

이다 + -라고 하다 ▶ (이)라고 하다 ～だそうだ
아니다 + -라고 하다 ▶ 아니라고 하다 ～ではないそうだ

학생이라고 해요. 学生だそうです。
의사라고 해요. 医者だそうです　× **의사이라고 해요**
끝이 아니라고 합니다. 終わりではないそうです。

先語末語尾を挟む場合

尊敬を表す先語末語尾の**-(으)시-**は、単純に間接話法の語尾と語幹の間に挟めばいいのですが(P.105)、**-았/었-**(P.104)、**-겠-**(P.132、141)を挟んだ間接話法にする場合は、品詞を問わず**-다고 하다**を使います。

어렸을 때 키가 작았다고 합니다. 幼かった時、背が低かったそうです。
내일은 눈이 오겠다고 해요. 明日は雪が降るそうです。
부장님은 회식에 참석하신다고 합니다. 部長は会食に出席なさるそうです。
사장님은 이번주 바쁘시다고 해요. 社長は今週お忙しいそうです。

かくにんドリル

問題1 □内の用言を間接話法にして、日本語訳に合う文にしましょう。その際、**하다**の部分を(　)内の指示通りに活用させましょう。

① **저 고깃집은 맛있다.**
あの焼き肉屋はおいしいそうです。

______________________________(ヘヨ体)

② **경선이는 펀치가 강하다.**
ギョンソンはパンチが強いそうです。

______________________________(ハムニダ体)

③ **수염이 있는 저 사람은 선생님이다.**
ひげを生やしたあの人は先生だそうです。

______________________________(ハムニダ体)

④ **경찰은 그 사건의 범인을 알고 있다.**
警察はその事件の犯人を知っていたそうです。

______________________________(ヘヨ体)

⑤ **검은 옷을 입은 저 사람은 의사가 아니다.**
黒い服を着たあの人は医者ではないそうです。

______________________________(ヘヨ体)

⑥ **민정이는 매일 9시에 자다.**
ミンジョンは毎日9時に寝るそうです。

______________________________(ハムニダ体)

Lesson 46 間接話法②

040

前回のレッスンでは、平叙文の間接話法を見てきました。しかし人の会話には平叙文だけでなく、疑問文や命令文なども存在します。それらを引用しようとした場合、日本語で考えると次のようになります。

疑問　「〜するのかと言います」
例）彼が、事実を話すのかと言います。

勧誘　「〜しようと言います」
例）スビンが一緒にご飯を食べに行こうと言います。

命令　「〜しなさいと言います」
例）お母さんが勉強しなさいと言います。

依頼　「〜してくれと言います」「〜してあげてと言います」
例）先生が帰りにちょっと寄ってくれと言っています。
困ってる人がいたら助けてあげてと言われました。

これを韓国語に置き換えたとき、疑問の間接話法の語尾、勧誘の間接話法の語尾……というように、それぞれの語尾を覚える必要があります。情報量が多いので、一気に覚えようとすると混乱します。これから2回のレッスンに分けて学びますので、一つずつ丁寧に学習していってください！　まずは疑問と勧誘の間接話法についてです。

疑問の間接話法

品詞を問わず、用言語幹に**-냐고 하다**をつけるだけです。この**-냐고**は、ステップ3で扱った語尾**-냐?**(～なのか?、P.186)から派生したものです。また、先語末語尾**-았/었**-、**-겠**-、**-(으)시**-、どれでも間に挟むことができます。

用言語幹 + -냐고 하다 ～するのかと言う、～なのかと言う

그 영화 재미있냐고 해요. その映画面白いのかと言います。

몇 시에 오냐고 해요. 何時に来るのかと言います。

얼마나 연습했냐고 합니다. どれくらい練習したのかと言います。

성격 나쁜 사람을 누가 좋아하겠냐고 해요.
性格の悪い人を誰が好きだろうかと言います。P.132

また**하다**以外に**묻다**(聞く、尋ねる)、**물어보다**(尋ねる)を使えます。

백신이 아프냐고 물었어요.
ワクチンが痛いのかと聞きました。

이 가게에서 냉면을 먹을 수 있냐고 물어봅니다.
この店で冷麺を食べられるのかと尋ねます。P.148

勧誘の間接話法

動詞の語幹に**-자고 하다**をつけるだけです。この**-자**は、ステップ3で扱った語尾**-자**(～しよう、P.137)です。

動詞語幹 ＋ -자고 하다 ～しようと言う

토요일에 술 먹으러 가자고 해요.
土曜日にお酒飲みに行こうと言います。 P.156

태희가 같이 놀자고 하는데, 너도 갈래?
テヒが一緒に遊ぼうって言うんだけど、あなたも行く？ P.176 P.137

곧 오니까 여기 있자고 합니다.
すぐ来るから、ここにいようと言います。 P.160

また、「～するのをやめようと言う」の場合は動詞の語幹に**-지 말자고 하다**をつけます。**-지 말자**もステップ3で出てきた**말다**(P.130)に**-자고 하다**がついた形です。

動詞語幹 ＋ -지 말자고 하다 ～するのをやめようと言う

남자 친구가 이제 우리 만나지 말자고 해…
彼氏がもう会うのはやめようと言うの……。

지킬 수 없는 약속은 하지 말자고 해요.
守れない約束はするのはやめようと言います。 P.148

かくにんドリル

問題1 □内の用言を間接話法にして、日本語訳に合う文にしましょう。その際、( )内の指示通りに活用させましょう。

① 그런 것을 왜 묻다 .(疑問・ヘヨ体)

そんなことをなぜ尋ねるのかと言います。

② 어제 한 말은 진실이 아니다 .(疑問・ヘヨ体)

昨日言った言葉は真実じゃないのかと言います。

③ 금요일은 일이 바쁘다 .(疑問・ハムニダ体)

金曜日は仕事が忙しいのかと言います。

④ 아름다운 풍경을 찾다 .(勧誘・ヘヨ体)

美しい景色を探そうと言います。

⑤ 이 집을 팔다 .(勧誘・ハムニダ体)

この家を売ろうと言います。

⑥ 사람을 쉽게 믿다 .(勧誘・ハムニダ体)

人を簡単に信じるのはやめようと言います。

041

前回のレッスンに続いて今回は命令と依頼の間接話法を学びます。

命令の間接話法

「～しろと言う」は、動詞の語幹に**-(으)라고 하다**をつけるだけです。この**-(으)라고**はステップ3で扱った命令の語尾**-아라/어라**(P.172)とは別物なので、混同しないように気を付けてください。

動詞語幹 + -(으)라고 하다 ～しなさいと言う

빨리 오라고 해요. 早く来いと言います。
이걸 먹으라고 해요. これを食べろと言います。

また、「～するなと言う」は動詞の語幹に**-지 말라고 하다**をつけます。これは**말다**(P.130)に**-(으)라고 하다**がついた形です。

動詞語幹 + -지 말라고 하다 ～するなと言う

떠들지 말라고 해요. 騒ぐなと言います。
여기서 담배를 피우지 말라고 해. ここでタバコを吸わないでと言う。

依頼の間接話法

依頼の間接話法は「～してくれと言う」「～してあげてと言う」の二つあります。それぞれ見ていきましょう。ちなみに一つ目の“**달라고**”は「乞う」という意味の**달다**が原形です。

動詞語幹 + -아/어 달라고 하다 ～してくれと言う
動詞語幹 + -아/어 주라고 하다 ～してあげてと言う

A：C가 맥주 시켜 달라고 해요.
　BがビールЛ頼んでくれって言ってます。

B：아 그래요? 주문할게요.
　あ、そうですか？　注文します。P.140

※Aが期待しているのは、C(引用されていることをもともと言った人)の元にビールが来ること。

A：C가 D한테도 맥주 시켜 주라고 해요.
　BがDにもビール頼んであげてって言ってます。

B：알았어요. 주문할게요.
　分かりました。注文しますね。

※頼んだのはBだが、Bではない第三者Dのもとにビールが来ることをAは期待している。

間接話法に関する説明は以上です！　これまでに学んだことを表にしてまとめました。分からなくなったらこの表を見たり、指定のページに戻って解説を読んだりして、間接話法を積極的に使っていきましょう！

	動詞	形容詞・存在詞	指定詞
平叙文 (P.200～202)	-ㄴ다고/ 는다고 하다	-다고 하다	~이라고 하다 ~아니라고 하다
疑問文 (P.205)	-냐고 하다		
勧誘文 (P.206)	-자고 하다 -지 말자고 하다		
命令文 (P.208)	-(으)라고 하다 -지 말라고 하다		
依頼文 (P.209)	-아/어 달라고 하다 -아/어 주라고 하다		

かくにんドリル

問題1 ［　］内の用言を間接話法にして、日本語訳に合う文にしましょう。その際、(　)内の指示通りに活用させましょう。

① **쓰레기를 내일 꼭 [버리다].(命令・ハムニダ体)**

ごみを明日必ず捨てろと言います。

② **수희가 여기서는 [자다].(命令・ヘヨ体)**

スヒがここでは寝るなと言いました。

③ **살찌니까 더 이상 [먹다].(命令・ハムニダ体)**

太るからこれ以上食べるなと言います。

④ **돈을 [빌리다].(依頼・ヘヨ体)**

お金を貸してくれと言います。

⑤ **이제 [용서하다].(依頼・ヘヨ体)**

もう許してくれと言います。

⑥ **이제 [용서하다].(依頼・ハムニダ体)**

もう許してあげろと言います。

⬇042

これまで学んできた間接話法ですが、会話では縮約した形で使われることが多々あります。日本語でも「さとし、学校に行くって言ってるよ〜」「ママが早くご飯食べろって言ってるよ〜」よりも「さとし、学校行くって〜」「ママがご飯食べろって〜」のように、略して言うことの方が多いですよね。そのような、間接話法の縮約形の作り方を見ていきましょう。

間接話法の縮約

これまでに紹介した間接話法の基本の形は、**~라고/이라고 하다**、**-ㄴ다고/는다고 하다**……のように、すべて**고 하다**がついていました。この**고 하다**から「**고 하**」を取り、残った部分を合体し縮約することで完成します。

「**고 하**」を取るとはどういうことか、平叙文、動詞の**간다고 해요**、**간다고 합니다**(行くそうです)を例に見てみましょう。

〈図解〉 **간다고 해요**

→ **고 하**を取り除くと…

⬇

간다 ㅣ 요 が残る

→ **다 + ㅣ**を合体させると"**대**"

⬇

간대요 間接話法の縮約形が完成！

간다고 합니다
→ 고 하を取り除くと…

간다 ㅂ니다 が残る
→ **다** + **ㅂ**を合体させると“**답**”

간답니다 間接話法の縮約形が完成！

他の品詞であっても、平叙文以外の疑問、勧誘、命令、依頼であっても、**고 하다**から「**고 하**」を取り除き、残った文字を合体させる、という概念は変わりません。いろいろな間接話法の縮約形を見てみましょう。

● **平叙文**

〈動詞〉**-ㄴ다고/는다고 하다**
탄다고 해요 乗るそうです ▶ **탄대요**
먹는다고 합니다 食べるそうです ▶ **먹는답니다**

〈形容詞・存在詞〉**-다고 하다**
좁다고 해요 狭いそうです ▶ **좁대요**
있다고 합니다 あるそうです・いるそうです ▶ **있답니다**

〈指定詞〉**-라고/이라고 하다**
학생이라고 해요 学生だそうです ▶ **학생이래요**
의사가 아니라고 합니다 医者ではないそうです
▶ **의사가 아니랍니다**

● **疑問文　-냐고 하다**

먹냐고 해요 食べるのかと言います ▶ **먹내요**
맞냐고 합니다 合ってるのかと言います ▶ **맞냡니다**

● **勧誘の間接話法　-자고 하다、-지 말자고 하다**

사지 말자고 해요 買うのをやめようと言います ▶ **사지 말재요**
같이 놀자고 합니다 一緒に遊ぼうと言います ▶ **같이 놀잡니다**

● **命令の間接話法　-(으)라고 하다、-지 말라고 하다**

공부하라고 해요 勉強しなさいと言います ▶ **공부하래요**
쉬지 말라고 합니다 休むなと言います ▶ **쉬지 말랍니다**

● **依頼の間接話法　-아/어 달라고 하다、-아/어 주라고 하다**

용서해 달라고 해요 許してくれと言います ▶ **용서해 달래요**
이해해 주라고 합니다 理解してあげなよと言います ▶ **이해해 주랍니다**

これでこの本のレッスンは全て終了です。お疲れさまでした！　覚えることも多く大変だったかもしれません。しかし基礎の内容を応用することで対処できるものも多数あったはずです。やみくもに全て覚えようとせず、考えれば分かるところは理屈を考えて、効率的に学習を進めることを心掛けましょう！

今後また分からないことが出てきたら、何度でもこの本に戻って読み返してくださいね！

かくにんドリル

問題1　次の間接話法の表現を、縮約形にしてみましょう。

① **그러지 말라고 해요.**　そうするなと言います。

② **믿어 달라고 합니다.**　信じてくださいと言います。

③ **가지 말라고 합니다.**　行くなと言います。

④ **머리 감겨 주라고 해요.**　頭を洗ってあげてと言います。

⑤ **화가가 아니라고 합니다.**　画家ではないそうです。

⑥ **밥을 먹자고 해요.**　ご飯を食べようと言います。

⑦ **김치가 없다고 합니다.**　キムチがないそうです。

⑧ **내일 회사에 온다고 해요.**　明日会社に来るそうです。

Step 4
総合練習ドリル

問題 次の日本語を、指定の語彙とこれまでに学んだ知識を使って韓国語にしましょう。(　)内に文体の指定がある場合は、その文体にしましょう。間接話法は縮約させても、させなくても構いません。また、答え合わせ後、文章を声に出して読みましょう。 043

① **一方通行が多くて、運転するのが不便だ。(ハンダ体)**
一方通行 **일방통행**、多い **많다**、～なので **-아서/어서**、運転する **운전하다**、～すること **-기**、不便だ **불편하다**

② **俺はおまえを絶対許さない。(ハンダ体)**
俺 **나**、おまえ **너**、絶対 **절대**、許す **용서하다**、～しない **-지 않다**

③ **ヤンニョムを作るために、ニラを切る。(ハンダ体)**
ヤンニョム **양념**、作る **만들다**、～するために **-기 위해서**、ニラ **부추**、切る **썰다**(ㄹ語幹)

④ **台風が及ぼす影響を、見守らなければならない。(ハンダ体)**
台風 **태풍**、及ぼす **미치다**、影響 **영향**、見守る **지켜보다**、～しなくてはならない **-아야/어야 하다**

⑤ **この店もあの店も、味はまったく同じだそうです。(ヘヨ体)**
この **이**、店 **가게**、あの **저**、味 **맛**、まったく同じだ **똑같다**

⑥ **アルムはまだジノを信じるらしいです。(ハムニダ体)**
アルム **아름**、まだ **아직도**、ジノ **진호**、信じる **믿다**

⑦ **ミンスは今日欠席だそうです。(ヘヨ体)**
ミンス **민수**、今日 **오늘**、欠席 **결석**

⑧ **飛行機が3時に着くから早く行こうと言ってるよ。(パンマル)**
飛行機 **비행기**、3時 **3시**、着く **도착하다**、~するから **-니까**、早く **빨리**、行く **가다**

⑨ **ソンジェは、もうけんかするのはやめようと言いました。(ハムニダ体)**
ソンジェ **성재**、もう **이제**、けんかする **싸우다**

⑩ **政府が新しい政策を打ち出すそうです。(ヘヨ体)**
政府 **정부**、新しい **새롭다**(ㅂ変則)、政策 **정책**、打ち出す **내세우다**

⑪ **先輩が、肉を焼いてくれと言っています。(ヘヨ体)**
先輩 **선배**、肉 **고기**、焼く **굽다**(ㅂ変則)

⑫ **先生が、会費を先に集めろとおっしゃいました。(ハムニダ体)**
先生 **선생님**、会費 **회비**、先に **먼저**、集める **모으다**

⑬ **ソンイが久しぶりに会おうって言ってるから、一緒に行こう。**
ソンイ **송이**、久しぶりに **오랜만에**、会う **만나다**、~だから **-(으)니까**、一緒に **같이**、行く **가다**、~しよう **-자**

おわりに

前作『やさしい基礎韓国語』の「おわりに」での反省を踏まえて、関係各位に対する謝辞を早々に述べておきます。

本書の制作出版に携わってくださった全ての方々、出版の許可を下さり応援してくださった勤務校の先生方、皆さまのご厚情に心より拝謝申し上げます。特に担当である編集の松島さん。滞りがちな僕の作業を温かく見守ってくださり、そして大いに手伝ってくださり、感謝の言葉もありません。そして学習のパートナーとして本書を最後まで読んでくださった読者の皆さまへ、衷心より深謝申しあげます。

初級の学習お疲れさまでした。内容も難しくなってきて、大変なことも多々あったことでしょう。しかしその難しい内容もでき得る限りやさしくご説明したつもりなので、諦めずにこれからも何度でも本書に戻って、徐々に理解を深めていっていただけたら幸いです。一度に全てを理解するのは難しいということは、僕も身をもって体験しているので分かります。語学の一番のポイントは、とにかく継続することです！諦めずにひたすら向き合い続けていれば、いつかできるようになる日が来ます。

適切な語彙を選べず韓国の方に笑われた僕が、言葉が出ずに不審者扱いされてしまった僕が、うろ覚えの単語を言ってしまいおばちゃんを混乱させてしまった僕が、韓国語関係の仕事をしているんです！

僕にできて皆さまにできないなんてことは、絶対にありません。本書の内容もきちんと理解できるようになる日が必ず来るので、その日までご自身の力と熱意を信じて、僕の大好きな韓国語と付き合っていただけることを願っております。そして皆さまの築き上げる韓国語との歴史の中に、僕の本がひっそりとでも存在してくれることも、欲深くも併せて願っております。

秋山卓澄

巻末付録

初級で覚えておきたい
語彙リスト

解答と解説

初級で覚えておきたい用言リスト

本書に登場した用言、また初級レベルで覚えておきたい用言を一覧にしました。発音変化や変則活用の有無も掲載しましたので参考にしてください。

語彙	音	変則活用	意味
가깝다	[가깝따]	ㅂ変則	近い
가다			行く
가르치다			教える
가볍다	[가볍따]	ㅂ変則	軽い
가져가다	[가저가다]		持っていく
가져오다	[가저오다]		持ってくる
가지다			持つ
간단하다	[간다나다]		簡単だ
감다	[감따]		①(目を)閉じる ②(髪を)洗う
강하다			強い
걱정되다	[걱쩡되다]		心配になる
걱정하다	[걱쩡하다]		心配する
건강하다			健康だ
걷다	[걷따]	ㄷ変則	歩く
걸다		ㄹ語幹	掛ける、賭ける、懸ける
걸리다			かかる
걸어가다	[거러가다]		歩いていく
걸어오다	[거러오다]		歩いてくる
검다	[검따]		黒い
결정되다	[결쩡되다]		決定される
결정하다	[결쩡하다]		決定する
결혼하다	[겨로나다]		結婚する
계산되다	[게산되다]		計算される
계산하다	[게사나다]		計算する
계속되다	[게속뙤다]		続く
계속하다	[게소카다]		継続する
계시다	[게시다]		いらっしゃる
계획되다	[게획뙤다]		計画される
계획하다	[게회카다]		計画する
고르다		르変則	選ぶ
고맙다	[고맙따]	ㅂ変則	ありがたい
괜찮다	[괜찬타]		大丈夫だ、構わない
구경하다			見物する
구하다			求める、手に入れる
굽다	[굽따]	ㅂ変則	焼く
귀엽다	[귀엽따]	ㅂ変則	かわいい
그리다			描く
급하다	[그파다]		急だ、緊急だ、急がれる
기다리다			待つ
기르다		르変則	育てる、養う
기뻐하다			喜ぶ
기쁘다		으語幹	うれしい
기억되다	[기억뙤다]		記憶される
기억하다	[기어카다]		記憶する
긴장되다			緊張する
긴장하다			緊張する
길다		ㄹ語幹	長い
깊다	[깁따]		深い
까맣다	[까마타]	ㅎ変則	黒い
깎다	[깍따]		①削る ②刈る ③値引きする
깨다			①覚める ②覚ます
꾸다			(夢を)見る
끄다		으語幹	消す
끊다	[끈타]		切る、断つ
끝내다	[끈내다]		終える
나누다			①分ける ②(話・情などを)交わす
나타나다			現れる
나타내다			表す
남기다			残す
남다	[남따]		残る、余る
낫다	[낟따]	ㅅ変則	①治る ②より良い
낮다	[낟따]		低い
내다			出す、起こす
내려가다			下がっていく、下がる、降りていく

내려오다			下がってくる、降りてくる
내리다			下がる、降りる
넓다	[널따]		広い
넘다	[넘따]		超える
넘어지다	[너머지다]		倒れる
넣다	[너타]		入れる
노랗다	[노라타]	ㅎ変則	黄色い
노력하다	[노려카다]		努力する
놀다		ㄹ語幹	遊ぶ
놀라다			驚く
높다	[놉따]		高い
놓다	[노타]		置く
누르다		르変則	押す
눕다	[눕따]	ㅂ変則	横たわる
느끼다			感じる
느리다			(速度が)遅い
늘다		ㄹ語幹	①伸びる ②増える ③上達する
늦다	[늗따]		遅い、遅れる
다녀오다			行ってくる
다니다			通う
다르다		르変則	異なっている、違う、別だ
다치다			けがをする
닦다	[닥따]		磨く、拭く
닫다	[닫따]		閉める
닫히다	[다치다]		閉まる
달다		ㄹ語幹	甘い
달리다			①走る ②走らせる
닮다	[담따]		似る
담그다		으語幹	漬ける
답하다	[다파다]		答える
대답하다	[대다파다]		答える
더럽다	[더럽따]	ㅂ変則	汚い
덥다	[덥따]	ㅂ変則	暑い
덮다	[덥따]		覆う、かぶせる
데리다			連れる
도와주다			手伝う、援助する、世話をする
도착하다	[도차카다]		到着する
독서하다	[독써하다]		読書する
돌다		ㄹ語幹	①回る、巡る ②(順番が)来る ③曲がる
돌려주다			返す

돌아가다	[도라가다]		帰る、戻る
돌아오다	[도라오다]		帰ってくる、戻ってくる
돕다	[돕따]	ㅂ変則	助ける、手伝う
되다			①なる ②できる ③よい
두껍다	[두껍따]	ㅂ変則	厚い
두다			①置く ②設ける ③(心に)抱く ④(碁、将棋を)打つ、指す
드리다			差し上げる
드시다			召し上がる
듣다	[듣따]	ㄷ変則	①聞く、聴く ②効く
들다		ㄹ語幹	①上げる ②持つ ③食べる ④入る
들리다			聞こえる
들어가다	[드러가다]		①(中に)入る ②(組織·団体などに)入る、入学する ③(家に)帰る
들어오다	[드러오다]		入ってくる
따뜻하다	[따뜨타다]		暖かい
따라가다			ついていく、従う
따라오다			ついてくる
떠나다			たつ、去る
떠들다		ㄹ語幹	騒ぐ
떨어지다	[떠러지다]		①落ちる ②離れる ③使い果たしてなくなる
똑같다	[똑깓따]		全く同じだ、そっくりだ
뛰다			①走る ②跳ねる
뜨겁다	[뜨겁따]	ㅂ変則	熱い
뜨다		으語幹	(目を)開く
뜻하다	[뜨타다]		意味する
마르다		르変則	乾く
마시다			飲む
마치다			①終わる ②終える
막히다	[마키다]		詰まる、つかえる
만나다			会う

만들다		ㄹ語幹	作る
만지다			触る、触れる
많다	[만타]		多い
말하다	[마라다]		話す
맑다	[막따]		清い、澄んでいる
맛없다	[마덥따]		おいしくない、まずい
맛있다	[마싣따]		おいしい
맞다	[맏따]		合う、正しい
맞추다	[맏추다]		①合わせる ②あつらえる
매다			結ぶ、締める
맵다	[맵따]	ㅂ変則	①辛い ②(目に)しみて痛い
먹다	[먹따]		食べる
멀다		ㄹ語幹	遠い
멋있다	[머싣따]		すてきだ、かっこいい
메다			塞がる、詰まる
모르다		르変則	知らない
모시다			お連れする、お仕えする
모으다		으語幹	集める
모이다			集まる、たまる
모자라다			足りない
목욕하다	[모교카다]		入浴する
못하다	[모타다]		できない
무겁다	[무겁따]	ㅂ変則	重い
무섭다	[무섭따]	ㅂ変則	怖い
묻다	[묻따]	ㄷ変則	尋ねる、問う
물어보다	[무러보다]		尋ねる、尋ねてみる
미안하다	[미아나다]		(迷惑をかけて)すまない
믿다	[믿따]		信じる
밀리다			滞る
바꾸다			①交換する、両替する ②変更する、変える
바뀌다			変わる
바라다			願う
바르다		르変則	塗る、つける
바쁘다		으語幹	忙しい
반갑다	[반갑따]	ㅂ変則	うれしい
받다	[받따]		受ける、受け取る
발전되다	[발쩐되다]		発展する
발전하다	[발쩌나다]		発展する

발표되다			発表される
발표하다			発表する
밝다	[박따]		①明るい ②(視力、聴力が)良い ③精通している ④(夜、年が)明ける
방학하다	[방하카다]		(学校が)長期休暇に入る
배고프다		으語幹	おなかがすいている、空腹だ
배부르다		르変則	おなかいっぱいだ、満腹だ
배우다			習う、教わる
버리다			捨てる
번역되다	[버녁뙤다]		翻訳される
번역하다	[버녀카다]		翻訳する
벌다		ㄹ語幹	(お金を)稼ぐ、もうける
벗다	[벋따]		脱ぐ
보내다			送る、過ごす
보다			見る、(本、新聞などを)読む、(試験を)受ける
보이다			①見える ②見せる
복잡하다	[복짜파다]		複雑だ、(道が)混雑している
볶다	[복따]		炒める、いる
뵙다	[뵙따]		お目にかかる
부드럽다	[부드럽따]	ㅂ変則	柔らかい、優しい
부르다		르変則	①呼ぶ、歌う ②(おなかが)いっぱいだ
부지런하다	[부지러나다]		勤勉だ、まめだ
부치다			(郵便物を)送る、(チヂミ、プッチムゲなどを)焼く
불다		ㄹ語幹	吹く
붓다	[붇따]	ㅅ変則	(液体を)注ぐ
붙다	[붇따]		つく、引っつく
붙이다	[부치다]		つける、貼る
비다			空く、空いている
비슷하다	[비스타다]		似ている
비싸다			(値段が)高い
빌리다			借りる、貸す
빠르다		르変則	速い、早い
빨갛다	[빨가타]	ㅎ変則	赤い
빨다		ㄹ語幹	洗濯する

빼다			のける、引く、抜く
사다			買う
사랑하다			愛する
사용하다			使用する
사인하다	[사이나다]		サインする
살다		ㄹ語幹	生きる、暮らす、住む
생각하다	[생가카다]		考える
생기다			生じる、できる
생활하다	[생화라다]		生活する
샤워하다			シャワーを浴びる
서다			立つ、止まる
선물하다	[선무라다]		プレゼントする
선택하다	[선태카다]		選択する
설명되다			説明される
설명하다			説明する
세다			数える
세수하다			顔を洗う
세우다			立てる、建てる
세일하다	[세이라다]		セールする
소개되다			紹介される
소개하다			紹介する
수고하다			苦労する
수술하다	[수수라다]		手術する
쉬다			①休む ②中断する ③寝る
쉽다	[쉽따]	ㅂ変則	簡単だ
슬퍼하다			悲しむ
슬프다		ㅡ語幹	①悲しい ②かわいそうだ
시끄럽다	[시끄럽따]	ㅂ変則	うるさい
시다			酸っぱい
시원하다	[시워나다]		爽快だ、涼しい
시키다			①(飲食店などで)注文する ②～(するように)させる
신다	[신따]		履く
신청하다			申請する
실례하다	[실레하다]		失礼する
싫다	[실타]		嫌いだ
싫어하다	[시러하다]		嫌う
심하다	[시마다]		ひどい、(度が)過ぎる
싱겁다	[싱겁따]	ㅂ変則	(味が)薄い

싸다			①包む、(旅行などで荷物を)まとめる、(弁当を)作る ②安い
싸우다			戦う、争う、けんかする
쌓이다	[싸이다]		積もる
썰다		ㄹ語幹	(食べ物を)切る
쓰다		ㅡ語幹	①書く ②(帽子などを)かぶる、(眼鏡などを)かける ③(道具やサービスなどを)使う、利用する ④苦い
쓰이다			使われる、使える
씹다	[씹따]		かむ
씻다	[씯따]		洗う
아니다			～でない
아름답다	[아름답따]	ㅂ変則	美しい
아프다		ㅡ語幹	痛い、病気だ
안내하다			案内する
안녕하다			安泰だ、元気だ
안다	[안따]		抱く
안전하다	[안저나다]		安全だ
앉다	[안따]		座る
알다		ㄹ語幹	知る、分かる
앓다	[알타]		病む、患う
알리다			知らせる
알맞다	[알맏따]		ふさわしい、適当だ
알아듣다	[아라듣따]	ㄷ変則	①理解する ②聞き取る
약하다	[야카다]		弱い
얇다	[얄따]		薄い
어둡다	[어둡따]	ㅂ変則	暗い
어떻다	[어떠타]	ㅎ変則	どうだ
어렵다	[어렵따]	ㅂ変則	難しい
어리다			①幼い、年若い ②足りない ③幼稚だ
어울리다			①似合う ②交わる
얻다	[얻따]		もらう、得る、持つ
없다	[업따]		ない、いない
연습하다	[연스파다]		練習する
열다		ㄹ語幹	開く、開ける、(物事を)始める

열리다			開かれる、開く
예쁘다		ㅡ語幹	きれいだ、かわいい、美しい
예정되다			予定される
예정하다			予定する
오다			来る
오르다		르変則	登る、上がる、乗る
올라가다			①登る、上がる ②昇る ③さかのぼる ④上京する
올라오다			①上がってくる ②昇る ③さかのぼってくる ④上京してくる
올려놓다	[올려노타]		乗せる
올리다			①上げる ②差し上げる、申し上げる ③(式などを)挙げる
옮기다	[옴기다]		移す、翻訳する
옳다	[올타]		①正しい ②もっともだ
외롭다	[외롭따]	ㅂ変則	(一人ぼっちで)寂しい、心細い
외우다			覚える、暗記する、暗唱する
외출하다	[외추라다]		外出する
운동하다			運動する
운전하다	[운저나다]		運転する
울다		ㄹ語幹	(人が)泣く、(動物が)鳴く、(鐘などが)鳴る
울리다			泣かせる、鳴かせる、鳴らす
움직이다	[움지기다]		動く
웃기다	[욷끼다]		笑わせる
웃다	[욷따]		笑う
원하다	[워나다]		願う、望む
위하다			~のため、大切にする
위험하다	[위허마다]		危険だ
유명하다			有名だ
유학하다	[유하카다]		留学する
의미하다			意味する
이기다			勝つ
이렇다	[이러타]	ㅎ変則	こうだ

이상하다			変だ
이야기하다			話す
이용되다			利用される
이용하다			利用する
이해되다			理解できる
이해하다			理解する
인사하다			あいさつする
인터뷰하다			インタビューする
일하다	[이라다]		働く
일어나다	[이러나다]		起きる、立つ、起こる
일어서다	[이러서다]		①立ち上がる、立つ ②立ち直る
읽다	[익따]		読む
잃다	[일타]		失う、なくす
잃어버리다	[이러버리다]		失う、なくす、なくしてしまう
입다	[입따]		着る
입원하다	[이붜나다]		入院する
있다	[읻따]		ある、いる
잊다	[읻따]		忘れる
잊어버리다	[이저버리다]		忘れてしまう
자다			寝る
자라다			成長する、育つ、伸びる
자르다		르変則	切る
작다	[작따]		小さい
잘못하다	[잘모타다]		間違う、誤りを犯す
잘생기다			(外見が)よい、かっこいい
잘하다	[자라다]		上手だ
잠자다			寝る、眠る
잡다	[잡따]		つかむ、握る、取る、捕まえる、手に入れる
잡수시다	[잡쑤시다]		①召し上がる(먹다/마시다の尊敬語) ②お年を召す
재미없다	[재미업따]		面白くない
재미있다	[재미읻따]		面白い
적다	[적따]		①メモする、書き留める ②少ない
전하다	[저나다]		伝える
젊다	[점따]		若い
정리하다	[정니하다]		整理する

정하다			定める
조사하다			調査する
조심하다	[조시마다]		注意する
조용하다			静かだ
졸업하다	[조러파다]		卒業する
좁다	[좁따]		狭い
좋다	[조타]		良い、好きだ
좋아하다	[조아하다]		好む
죄송하다			申し訳ない
주다			与える、くれる
주무시다			お休みになる(자다の尊敬語)
주문하다	[주무나다]		注文する
주의하다	[주이하다]		注意する
주차하다			駐車する
죽다	[죽따]		死ぬ
준비하다			準備する
줄다		ㄹ語幹	減る
중요하다			重要だ
즐거워하다			楽しがる
즐겁다	[즐겁따]	ㅂ変則	楽しい
즐기다			楽しむ
지각하다	[지가카다]		遅刻する
지나다			過ぎる、経つ
지내다			①過ごす、暮らす ②(仲よく)交わる、付き合う ③務める ④執り行う
지다			負ける、敗れる
지도하다			指導する
지키다			守る、保護する、保つ、維持する
질문하다	[질무나다]		質問する
짓다	[짇따]	ㅅ変則	①(家、服、文章などを)作る ②(ご飯を)炊く ③(名前を)つける
짜다			①組む、組み立てる、(計画を)立てる ②塩辛い、しょっぱい ③ケチだ、(評価が)辛い
짧다	[짤따]		短い

찍다	[찍따]		突き刺す、(写真を)撮る、(印鑑を)押す、(物の端に液体を)つける、(分からない問題を)あてずっぽうで答える
차갑다	[차갑따]	ㅂ変則	冷たい
차다			蹴る
차리다			(食事の席を)準備する、整える、(気持ち、精神を)しっかりさせる
착하다	[차카다]		(人柄が)良い、善良だ、優しい
찾다	[찯따]		探す、(銀行などでお金を)下ろす、(人を)訪ねる
찾아가다	[차자가다]		①会いに行く、訪ねていく ②受け取っていく
찾아오다	[차자오다]		①会いに来る、訪ねてくる ②取り返してくる
청소하다			掃除する
초대하다			招待する
촬영하다	[촤령하다]		撮影する
추다			踊る
축하하다	[추카하다]		祝う
출근하다	[출그나다]		出勤する
출발되다			出発する
출발하다	[출바라다]		出発する
춤추다			踊りを踊る
춥다	[춥따]	ㅂ変則	寒い
취소하다			取り消す
취직하다	[취지카다]		就職する
치다			①打つ、殴る、たたく ②(楽器などを)鳴らす、打つ、弾く ③(餅を)つく ④(球などを)打つ、つく
치료하다			治療する
친절하다	[친저라다]		親切だ
친하다	[치나다]		親しい

켜다			①(火・電気製品を)つける ②(弦楽器などを)弾く
크다		ㅡ語幹	大きい
타다			乗る
태어나다			生まれる
통하다			①通じる ②知られる
퇴근하다	[퇴그나다]		退勤する
틀다		ㄹ語幹	(スイッチを)入れる、つける
틀리다			間違える、誤る
파랗다	[파라타]	ㅎ変則	青い
팔다		ㄹ語幹	売る
팔리다			売れる
펴다			①広げる、開く ②伸ばす ③敷く
편안하다	[펴나나다]		無事だ、安らかだ
편하다	[펴나다]		①安らかだ、気楽だ、楽だ ②便利だ
풀다		ㄹ語幹	①解く、ほどく、解放する ②和らげる、ほぐす ③(鼻を)かむ
피곤하다	[피고나다]		疲れている
피다			①咲く、開く ②生える ③(火が)おこる
피우다			①(たばこを)吸う ②(火を)おこす ③(花を)咲かせる
필요하다	[피료하다]		必要だ
하다			する、言う
하얗다	[하야타]	ㅎ変則	白い
화나다			怒る、腹が立つ
화내다			怒る、腹を立てる
화장하다			化粧する
확인하다	[화기나다]		確認する
환영하다	[화녕하다]		歓迎する
흐르다		르変則	①流れる ②傾く、偏る
흐리다			①濁る、曇っている ②濁らす、ぼかす
희다	[히다]		白い
힘들다		ㄹ語幹	骨が折れる、大変だ

解答と解説

レッスン最後の「かくにんドリル」、そしてステップ最後の「総合練習ドリル」の解答です。解答には必要に応じて解説とレッスンの参照先がついています。総合練習ドリルに関しては、発音変化が起る部分を発で、本文に登場する順に示しました。発音変化の詳しいことは、特別に指示がない場合レッスン8、9をご参照ください。

Step 1

Lesson 1

問題1 ① **사다** 動詞 ア、ウ　② **좁다** 形容詞 ア、エ　③ **있다** 存在詞 イ、エ
④ **아니다** 指定詞 イ、ウ　⑤ **앓다** 動詞 ア、エ
キソカン解説 日本語の動詞は、言い切りの形がu段の音で、形容詞は言い切りの形が「い」か「だ」で終わるという特徴があります！

問題2 〈ハムニダ体〉イ、オ　〈ヘヨ体〉ア、ウ、エ

Lesson 2

問題1 ① **지냅니다, 지내요**　② **버립니다, 버려요**　③ **짭니다, 짜요**
④ **벗습니다, 벗어요**　⑤ **놉니다, 놀아요**　⑥ **됩니다, 돼요**
⑦ **학생입니다, 학생이에요**　⑧ **마십니다, 마셔요**　⑨ **납니다, 나요**
キソカン解説 ⑤は**ㄹ**語幹なので、ハムニダ体を作る際は**ㄹ**パッチムを取って**-ㅂ니다**をつけます。⑦は指定詞のヘヨ体で、名詞がパッチムで終わっているので**이에요**をつけます。

Lesson 3

問題1 ① **만나면** 会ったら　② **밝았어요** 明るかったです
③ **나쁘지 않습니다** 悪くありません　④ **받으면** 受けたら
⑤ **일어났습니다** 起きました　⑥ **보냈어요** 送りました
⑦ **먹고 싶어요** 食べたいです　⑧ **가지 않아요** 行きません

Lesson 4

問題1 ① × ／ **-ㅂ니다/습니다**のように、語幹末のパッチムの有無によって異なるものをつける語尾もあります。
② × ／ 陽母音の場合は**아**、陰母音の場合は**어**から始まる語尾をつけます。
③ ○

問題2 ① オ、B　② イ、B　③ ア、A　④ エ、C

Lesson 5

問題1 ① **들으면** 聞いたら　② **물어요** 尋ねます

③ **용서해 주세요** 許してください　④ **도우니까** 手伝うから

問題2　① **하다**　② **듣다**　③ **싣다**　④ **가깝다**　⑤ **아름답다**

キソカン解説 活用しているものから辞書形に戻せる力は、韓国語を学ぶ上で非常に重要です。それができれば、知らない単語に出合った時辞書を引けるので、学習の効率が上がります。ぜひ日々の学習に、この練習を取り入れてみてください！

Lesson 6

問題1　① **몰라서** 知らなくて　② **지으면** 建てたら

③ **누르렀습니다** 黄色かったです　④ **그랬어요** そのようでした

問題2　① **아프다**　② **까맣다**　③ **푸르다**　④ **빨갛다**

Lesson 7

問題1　① **알면** 分かったら　② **다나까** 甘いから　③ **돕니다** 回ります

④ **웁니다** 泣きます　⑤ **어니까** 凍るから　⑥ **잃으면** 失ったら

⑦ **버니까** 稼ぐから　⑧ **힘듭니다** つらいです

キソカン解説 ⑥は「ㄹパッチムを含む二重パッチム」なので、普通のパッチムとして扱い、変則活用はしません。

Lesson 8

問題1　① [**어너**]　② [**일련**]　③ [**장년**]　④ [**암문**]　⑤ [**설랄**]　⑥ [**이팍**]

⑦ [**으냉**]　⑧ [**싸아요**]　⑨ [**바름**]　⑩ [**거진말**]

キソカン解説 起こっている発音変化は次の通りです。①連音化、②流音化、③鼻音化、④鼻音化、⑤流音化、⑥激音化、⑦ㅎの弱音化、⑧ㅎの無音化、⑨連音化、⑩鼻音化

Lesson 9

問題1　① [**합껵**]　② [**강남녁**]　③ [**결씸**]　④ [**무치다**]　⑤ [**물련**]

⑥ [**가치**]　⑦ [**발딸**]　⑧ [**시공뉴**]　⑨ [**약꾹**]　⑩ [**무슨닐**]

キソカン解説 起こっている発音変化は次の通りです。①濃音化、②ㄴ挿入、③濃音化、④口蓋音化、⑤ㄴ挿入＋流音化、⑥口蓋音化、⑦濃音化、⑧連音化、ㄴ挿入、⑨濃音化、⑩ㄴ挿入

Step 1 総合練習ドリル

① **한국어능력시험을 봐요.**　発[**한구거능녁씨허믈**]

ヘヨ体を作る語尾、レッスン2

② **아침에 일어나면 세수해요.**　発[**아치메이러나면**]

ヘヨ体を作る語尾、レッスン2

③ **명동역에서 내립니다.**　発[**명동녀게서**][**내림니다**]

ハムニダ体を作る語尾、レッスン2

④ **이 라면은 뜨겁습니다.**　発[**라며는**][**뜨겁씀니다**]

ハムニダ体を作る語尾、レッスン2

⑤ **그 뉴스는 오늘 들었어요.** 発 [**드러써요**]
過去を表す表現、レッスン3／ㄷ変則活用、レッスン5

⑥ **문이 닫혔습니다.** 発 [**무니**] [**다첟씀니다**]
過去を表す表現、レッスン3

⑦ **광화문의 사진을 찍고 싶습니다.** 発 [**광화무네**] [**사지늘**] [**찍꼬**] [**십씀니다**]
願望を表す表現、レッスン3

⑧ **이 문제는 어렵지 않습니다.** 発 [**어렵찌**] [**안씀니다**]
否定を表す表現、レッスン3

⑨ **추우니까 창문을 닫아요.** 発 [**창무늘**] [**다다요**]
理由を表す語尾、レッスン4／ㅂ変則用言、レッスン5／ヘヨ体を作る語尾、レッスン2

⑩ **쿠폰을 보여 주세요.** 発 [**쿠포늘**]
依頼を表す表現、レッスン4

⑪ **이 고기는 국내산이에요.** 発 [**궁내사니에요**]
ヘヨ体を作る語尾、レッスン2

⑫ **저 비행기는 부산행이 아니에요.** 発 [**부사냉이**]
ヘヨ体を作る語尾、レッスン2

⑬ **차가 없으니까 역까지 걸어요.** 発 [**업쓰니까**] [**거러요**]
理由を表す語尾、レッスン4／ヘヨ体を作る語尾、レッスン2／ㄷ変則活用、レッスン5

Step 2

Lesson 10

問題1 ① [**끄튼**] ② [**끄덥따**] ③ [**삼따**] ④ [**안꼬**] ⑤ [**남찌안타**]
⑥ [**눈똥자**] ⑦ [**밀까루**] ⑧ [**산낄**] ⑨ [**용껀**] ⑩ [**영문꽈**]

キソカン解説 ①の**끝**の後ろにある**은**は付属語なので**끝**のㅌパッチムは表記のまま連音化しますが、②の**없다**は自立語なので、ㅌパッチムの代表音である[ㄷ]の発音で連音化します。 ③④⑤は用言につく語尾の濃音化、⑥⑦⑧は合成語の濃音化、⑨⑩は漢字語の濃音化です。

Lesson 11

問題1 ① 皆さまは／この／ステップから／新たな／一歩を／踏み出しました。
② 知らなかった／ことが／分かって／くるのは、／とても／楽しいです。
③ でも／完璧さを／求めず、／楽しみながら／ページを／めくって／ください。
④ この／一冊を／やり終えた／頃には、／韓国語の／力が／かなり／ついて／いる／はずです。
⑤ 韓国語を／駆使する／ご自身を／思い浮かべながら、／学習を／進めて／いって／ください。

キソカン解説 「踏み出す」「やり終える」「思い浮かべる」のような、複数の動詞が合わさってできた言葉は一語と数えています。この問題は文節の概念をなんとなくわかってほしいという意図で作った問題なので、間違えても気にしなくて大丈夫です！

問題2 ①、②、④、⑥、⑧、⑨、⑩

問題3　①、③、④、⑤、⑧

Lesson 12

問題1　① 基礎で扱った内容は思い出しましたか？
② 発音変化が分からなくても、学習を進めることはできます。
③ 思い切ってページをめくる勇気を持ってください。
④ 文法用語を知っておくと、のちのち役に立つ日が来ます。
⑤ ハングルが読めなかった頃に比べたら、とてつもなく成長していると思いませんか？

キソカン解説 「連体形」は名詞につながる形なので、必ず後ろに名詞が来ます。後ろに来ている名詞は以下の通りです。①内容、②こと、③勇気、④日、⑤頃。

問題2　① 勉強する部屋　② 横柄な態度　③ 思いがけない出来事
④ おいしそうな肉　⑤ 驚異的な速度

Lesson 13

問題1　① **맛있는 김치**　② **넓은 개찰구**　③ **많은 사람**　④ **다니는 학교**
⑤ **가수가 아닌 배우**　⑥ **걷는 시간**　⑦ **보내는 편지**　⑧ **재미없는 영화**

Lesson 14

問題1　① **살 것**　② **올 사람**　③ **없을 때**　④ **쓰러질 나무**　⑤ **공부할 과목**
⑥ **사장이 될 사람**　⑦ **범인일 가능성**　⑧ **닿을 거리**

Lesson 15

問題1　回答は左からⒶ～Ⓒの順
① **간, 가던, 갔던**　② **안, 알던, 알았던**　③ **선, 서던, 섰던**
④ **지낸, 지내던, 지냈던**　⑤ ×, **멋있던, 멋있었던**
⑥ ×, **아니던, 아니었던**　⑦ ×, **느리던, 느렸던**

キソカン解説 ②**ㄹ**語幹用言について不安な方は、レッスン7を読んでおきましょう！

Lesson 16

問題1　① **쓴 커피를 마십니다.**　② **친구가 쓴 편지를 읽어요.**
③ **어렸을 때 인기 있었던 가수예요.**　④ **유명한 변호사인 친구가 있습니다.**
⑤ **사랑하는 사람이 일하는 모습은 멋있어요.**

キソカン解説 ①の**쓰다**は「苦い」という意味の形容詞なので、現在連体形は「語幹＋**-(으) ㄴ**」となります。一方②の**쓰다**は「書く」という意味の動詞で、「書いた」と過去連体形にするために「語幹＋**-(으) ㄴ**」とします。

Lesson 17

問題1　① 誰から　ウ、誰へ　イ　② 誰から　ウ、誰へ　カ
③ 誰から　ウ、誰へ　エ　④ 誰から　ウ、誰へ　ア
⑤ 誰から　オ、誰へ　ア

キソカン解説 ①「お持ちする」は謙譲表現です。 ②「お外しになる」は尊敬表現です。 ③「〜ます」は丁寧表現です。 ④「〜ました」は丁寧表現です。 ⑤「お渡しする」は謙譲表現です。

Lesson 18

問題1 ① 다치시다 ② 오시다 ③ 잡으시다 ④ 늙으시다 ⑤ 있으시다
⑥ 누우시다 ⑦ 걸으시다 ⑧ 지으시다 ⑨ 이러시다 ⑩ 아시다

キソカン解説 ⑥ㅂ変則用言、⑦ㄷ変則用言、⑧ㅅ変則用言、⑨ㅎ変則用言、⑩ㄹ語幹用言について不安な方は、レッスン5、6、7を読んでおきましょう！

問題2 ① 돌아가시다 ② 계시다 ③ 주무시다
④ 말씀하시다 ⑤ 편찮으시다

Lesson 19

問題1 ① 기다리세요、기다리십니다 ② 우세요、우십니다
③ 모르세요、모르십니다 ④ 떠나세요、떠나십니다
⑤ 바쁘세요、바쁘십니다 ⑥ 가벼우세요、가벼우십니다
⑦ 출발하세요、출발하십니다 ⑧ 앉으세요、앉으십니다

キソカン解説 ②ㄹ語幹用言、⑥ㅂ変則用言について不安な方は、レッスン5、7を読んでおきましょう！

Lesson 20

問題1 ① 보내 드려요、보내 드립니다 ② 써 드려요、써 드립니다
③ 전화해 드려요、전화해 드립니다 ④ 알려 드려요、알려 드립니다
⑤ 불러 드려요、불러 드립니다 ⑥ 나눠 드려요、나눠 드립니다
⑦ 놓아 드려요、놓아 드립니다 ⑧ 닫아 드려요、닫아 드립니다

キソカン解説 ②으語幹用言、③ハダ用言、⑤르変則用言について不安な方は、レッスン5、6を読んでおきましょう！

Lesson 21

問題1 ① 어머님을 도와 드립니다. ② 아버님 어깨를 주물러 드립니다.
③ 선생님께 제 작품을 보여 드립니다. ④ 사장님의 말씀입니다.
⑤ 할아버지께서도 맥주를 드십니다.

キソカン解説 ①돕다は、ㅂ変則用言の中でもさらに特殊な単語です。P.029をご覧ください。また、②⑤르変則用言について不安な方は、レッスン6を読んでおきましょう！

Lesson 22

問題1 ① 저기에 보이는 것이 경복궁이야. ② 오늘 공연 장소는 대학로야.
③ 호정아, 빨리 와! ④ 희준이가 중국에 갔어.
⑤ 이 감자탕은 민준이가 만들었어?

Lesson 23

問題1　① 저도 그 영화 보고 싶었어요.　② 하시는 작업 언제 끝나요?
③ 어머님이 좋아하시는 과일을 저도 먹었어요.

問題2　① 선생님이 읽으시는 책, 제목이 뭐예요?
② 어제 사장님은 출근하지 않으셨습니다.
③ 할아버지가 찾으시는 물건은 가방 안에 있었어요.
④ 부장님은 이미 퇴근하셨습니다.

Step 2 総合練習ドリル

① **낮에 맛있는 냉면을 먹었습니다.**　発 [나제] [마신는] [냉며늘] [머걷씀니다]
存在詞の現在連体形、レッスン13／過去を表す表現、レッスン3／特殊な連音化、レッスン10

② **저는 서울대에 다니는 박준호예요.**　発 [박쭈노에요]
動詞の現在連体形、レッスン13／へヨ体を作る語尾、レッスン2

③ **의사인 아버님이 자랑스러워요.**　発 [아버니미]
指定詞の現在連体形、レッスン13／ㅂ変則活用、レッスン5

④ **내년에 서울에 올라갈 예정입니다.**　発 [내녀네] [서우레] [올라갈 례정임니다]
動詞の未来連体形、レッスン14／へヨ体を作る語尾、レッスン2

⑤ **한국에서도 환전할 시간은 있어요.**　発 [한구게서도] [환저날 씨가는] [이써요]
動詞の未来連体形、レッスン14／へヨ体を作る語尾、レッスン2／未来連体形の濃音化、レッスン14

⑥ **밤낮없이 무더운 날이 계속돼요.**　発 [밤나덥씨※] [나리] [게속뙈요]
形容詞の現在連体形、レッスン13／ㅂ変則用言、レッスン5／へヨ体を作る語尾、レッスン2
※**없이**は**없다**から派生した言葉です。**없다**は「ない」という意味の存在詞(自立語)なので、**낮**のㅈパッチムは代表音である[ㄷ]の音で連音化します。

⑦ **발바닥에 생긴 물집이 아파요.**　発 [발빠다게] [물찌비]
動詞の過去連体形(近い点的過去)、レッスン15／으語幹用言、レッスン6／合成語の濃音化、レッスン10
※**발**は「足」、**바닥**は「床」を意味する名詞、**물**は「水」、**집**は「集まったもの」を意味する名詞です。つまり**발바닥**と**물집**は合成語です。

⑧ **팬이 아닌 사람도 그 노래를 자주 들어요.**　発 [패니] [드러요]
指定詞の現在連体形、レッスン13／ㄷ変則用言、レッスン5

⑨ **10년 동안 피우던 담배를 끊었습니다.**　発 [심년 똥안] [끄넏씀니다]
動詞の過去連体形(完了的過去)、レッスン15／過去を表す表現、レッスン3

⑩ **재혁아! 그건 물이야! 소주가 아니야!**　発 [재혀가] [무리야]
名前の呼び方・指定詞のパンマル、レッスン22

⑪ **중학생이었을 때 할머니가 돌아가셨습니다.**
発 [중학쌩이어쓸]　[도라가셛씀니다]
때の使い方、レッスン16／尊敬の意味を持つ用言、レッスン18／過去を表す表現、レッ

スン3

⑫ **깊어가는 밤에 시원한 맥주를 마시고 싶어.**

発 [**기퍼가는**] [**바메**] [**시워난**] [**맥쭈를**] [**시퍼**]

動詞、形容詞の現在連体形、レッスン13／願望を表す表現、レッスン3／用言(指定詞以外)のパンマル、レッスン22

⑬ **선생님의 많은 짐을 들어 드렸어요.**

発 [**선생니메**] [**마는**] [**지믈**] [**드러**] [**드려써요**]

形容詞の現在連体形、レッスン13／謙譲語の作り方、レッスン20／過去を表す語尾、レッスン3

Step 3

Lesson 24

問題1 ① **열어 놓다** ② **믿어 보다** ③ **앉아 있다** ④ **써 놓다**
⑤ **이어 가다** ⑥ **연락해 보다** ⑦ **만들어 내다** ⑧ **들어 주다**

キソカン解説 変則活用が不安な方は、レッスン5、6、7を読んで確認しておきましょう！

Lesson 25

問題1 解答は左からⒶ、Ⓑの順
① **씻기、씻음** ② **있기、있음** ③ **사랑하기、사랑함** ④ **내리기、내림**

問題2 ① **꽃이 아름답게 피었습니다.** ② **나쁘게 생각하는 버릇이 있어요.**

キソカン解説 ①語幹が1文字で、語幹末が **ㅣ** の用言に**아/어**型の語尾が付く場合、母音が合体せず、語幹＋**어**のままとなる用言があります(P.018)。**피다**(咲く)はこれに該当する用言ですので、**폈습니다**とならず、**피었습니다**となります。

Lesson 26

問題1 解答は左からⒶ～Ⓓの順
① **사기 전에, 산 후에, 사자마자、산 지**
② **사귀기 전에, 사귄 다음에, 사귀자마자, 사귄 지**
③ **찾기 전에, 찾은 후에, 찾자마자, 찾은 지**

問題2 ① **유학하기 전에 서류를 준비합니다.** ② **비행기를 탄 지 2시간 지났어요.**

キソカン解説 ②日本語では「～に乗る」と言いますが、韓国語では助詞の**에**(～に)ではなく～**를**/**을**を使うので気を付けてください。

Lesson 27

問題1 解答は左からⒶ～Ⓓの順
① **남기고, 남겨서, 남기고 나서, 남기면서**
② **쉬고, 쉬어서, 쉬고 나서, 쉬면서**
③ **알고, 알아서, 알고 나서, 알면서**

問題2 ① **학교에 도착하고 나서 숙제를 합니다.**
② **친구와 이야기하면서 밥을 먹었어요.**

Lesson 28

問題 1　解答は左からⒶ～Ⓒの順
① 섞으세요, 섞어 주세요, 섞지 마세요
② 나가세요, 나가 주세요, 나가지 마세요
③ 찢으세요, 찢어 주세요, 찢지 마세요

問題 2　① 서울역까지 가 주세요.　② 음식을 남기지 마세요.

Lesson 29

問題 1　解答は左からⒶ～Ⓒの順
① 맛있겠어요, 맛있을 거예요, 맛있을 것 같아요
② 연기되겠어요, 연기될 거예요, 연기될 것 같아요
③ 맞겠어요, 맞을 거예요, 맞을 것 같아요

問題 2　① 곧 촬영이 끝날 거예요.　② 이번 영화는 재미있을 것 같아요.

Lesson 30

問題 1　解答は左からⒶ～Ⓒの順
① 이야기할까요?, 이야기할래요?, 이야기하자
② 입을까요?, 입을래요?, 입자
③ 받을까요?, 받을래요?, 받자

問題 2　① 명동역까지 같이 가자.　② 선생님 뭐 드실래요?

Lesson 31

問題 1　解答は左からⒶ～Ⓓの順
① 일어날게요, 일어날래요, 일어나겠어요, 일어날 거예요
② 부를게요, 부를래요, 부르겠어요, 부를 거예요
③ 건널게요, 건널래요, 건너겠어요, 건널 거예요

問題 2　① 매일 30분 공부하기로 했어요.　② 1시간 뒤에 여기서 만나기로 할까?

Lesson 32

問題 1　解答は左からⒶ～Ⓓの順
① 빨아 줄게요, 빨아 드릴게요, 빨아 줄까요?, 빨아 드릴까요?
② 깨워 줄게요, 깨워 드릴게요, 깨워 줄까요?, 깨워 드릴까요?
③ 업어 줄게요, 업어 드릴게요, 업어 줄까요?, 업어 드릴까요?
キソカン解説 ③업다は不規則用言ではありません。

問題 2　①평생 너를 지켜 줄게.　② 남긴 음식, 포장해 드릴까요?

Lesson 33

問題 1　① 알아들을 수 있다/알아들을 수 없다　② 쓸 줄 알다/쓸 줄 모르다

問題 2　① 더는 참을 수 없어요.　② 열지 못하는 문.
③ 공연장에는 못 들어갈 거예요.

Lesson 34

問題1 ① **운전할 수 없어요**　② **받을 수 있어요**　③ **못 걸어요**
④ **힐 수 있어요/할 줄 알아요**　⑤**탈 수 없어요/못 타요**

キソカン解説 ①③は、根本的なやり方は知っている、つまり「**-(으)ㄹ 줄 알다**ではある」が、「今の状態ではできない」ということを言いたいわけです。そのように「特殊な状況においてできない」ということを言いたいときは**-(으)ㄹ 수 없다**を使います。　②「もう一つもらえる」のは個人の能力とは関係なくクーポンのおかげなので、**-(으)ㄹ 수 있다**を使います。　④「手品ができる」というのは個人の能力なので、どちらも使えます。　⑤**탈 수 없어요**も使えますが、乗れない原因である「背が低い」というのは個人の能力が備わっていないということなので、**못 타요**も可能です。

Lesson 35

問題1 解答は左からⒶ〜Ⓒの順
① **놀러, 놀려고, 놀기 위해서**　② **받으러, 받으려고, 받기 위해서**
③ **시작하러, 시작하려고, 시작하기 위해서**

問題2 ① **사진을 찍으러 부산에 가요.**　② **시합을 이기기 위해서 많이 연습했습니다.**

キソカン解説 ②日本語では「〜に勝つ」と言いますが、韓国語では助詞の**에**(〜に)ではなく〜**를**/**을**を使うので気を付けてください。

Lesson 36

問題1 解答は左からⒶ〜Ⓒの順
① **자라니까, 자라기 때문에, 자라서**
② **나으니까, 낫기 때문에, 나아서**
③ **어두우니까, 어둡기 때문에, 어두워서**

問題2 ① **힘들어서 눈물이 났어요.**　② **머니까 아침에 출발하겠습니다.**

Lesson 37

問題1 解答は左からⒶ〜Ⓒの順
① **가르치면, 가르친다면, 가르쳐도**
② **괜찮으면, 괜찮다면, 괜찮아도**
③ **얼면, 언다면, 얼어도**

キソカン解説 ①③は動詞、②は形容詞です。

問題2 ① **이 문제는 틀려도 괜찮아요.**　② **5분 기다리면 버스가 옵니다.**

Lesson 38

問題1 解答は左からⒶ〜Ⓒの順
① **떨어지고 있다, 떨어져 있다**　② **바뀌고 있다, 바뀌어 있다**
③ **모이고 있다, 모여 있다**

キソカン解説 それぞれ、次のような状態を表します。①**떨어지고 있다**(まさにいま落下中)、**떨어져 있다**(もう地面に落ちた状態)　②**바뀌고 있다**(まさに変わっ

ている最中)、**바뀌어 있다**(すでに変わった状態)　③**모이고 있다**(集まりつつある)、**모여 있다**(すでに集まっている)

問題2　① **커지다**　② **멀어지다**　③ **쓰게 되다**

キソカン解説 ①②は形容詞、③は動詞です。

問題3　① **합격하기 위해서 노력하게 됐어요.**　② **아침 5시에는 밝아질 거예요.**

Lesson 39

問題1　解答は左からⒶ~Ⓒの順

① **잊어라, 잊어야 하다, 잊어도 되다**　② **팔아라, 팔아야 하다, 팔아도 되다**

問題2　① **짐을 3시까지 기다려야 합니다.**　② **시간은 많으니까 천천히 먹어라.**

Lesson 40

問題1　解答は左からⒶ~Ⓒの順

① **맞는데, 맞거든요, 맞지요?**　② **추운데, 춥거든요, 춥지요?**

③ **다른데, 다르거든요, 다르지요?**

キソカン解説 ①は動詞、②③は形容詞です。

問題2　① **이거 아주 매운데 먹을 수 있어요?**　② **내일 회의가 있지요?**

Lesson 41

問題1　解答は左からⒶ~Ⓒの順

① **공부하다니, 공부하는구나, 공부하네요**

② **아프다니, 아프구나, 아프네요**

③ **없다니, 없구나, 없네요**

キソカン解説 ①は動詞、②は形容詞、③は存在詞です。

問題2　① **오늘이 생일이군.**　② **이 그릇 예쁘네요.**

Lesson 42

問題1　解答は左からⒶ~Ⓓの順

① **읽는지, 읽나요?, 읽니?, 읽냐?**

② **아닌지, 아닌가요?, 아니니?, 아니냐?**

③ **있는지, 있나요?, 있니?, 있냐?**

キソカン解説

①は動詞、②は指定詞、③は存在詞です。

問題2　① **왜 나쁜 일만 생각하니?**　② **수현이가 있는지 확인했냐?**

Step 3 総合練習ドリル

① **매일 30분은 한국어 공부를 하기로 했어요.**

発 [**삼십뿌는**] [**한구거**] [**해써요**]

-기로 하다、レッスン32／ハダ用言、レッスン5

② **먹을 수 없는 것은 억지로 먹을 필요 없습니다.**

発 [**머글 쑤**] [**엄는**] [**거슨**] [**억찌로**] [**머글**] [**피료**] [**업씀니다**]

-(으)ㄹ 수 없다、レッスン33／存在詞の連体形、レッスン13／動詞の未来連体形、レッスン14／ハムニダ体を作る語尾、レッスン２

③ **새로 오픈한 카페에서 커피 마실까요?**　発［**오프난**］
動詞の過去連体形(近い点的過去)、レッスン15／**-(으)ㄹ까요?**、レッスン30

④ **저 신작 영화는 내년에 개봉될 거예요.**
発［**신장 녕화는**］［**내녀네**］［**개봉될 꺼에요**］
-(으)ㄹ 거예요、レッスン29／未来連体形の濃音化、レッスン14

⑤ **오후에 시간 있으면 같이 영화 보자!**　発［**이쓰면**］［**가치**］
-(으)면、レッスン37／**-자**、レッスン30

⑥ **집을 지으려고 열심히 일하고 있어요.**　発［**지블**］［**열씨미**］［**이라고**］［**이써요**］
-(으)려고、レッスン35／**ㅅ**変則用言、レッスン６／**-고 있다**、レッスン38／ヘヨ体を作る語尾、レッスン２

⑦ **인사하러 집까지 찾아왔냐?**　発［**차자완냐**］
-(으)러、レッスン35／**-냐?**、レッスン42

⑧ **아까 밥을 먹었는데 벌써 배가 고파.**
-는데、レッスン40／パンマル、レッスン22／**으**語幹用言、レッスン６

⑨ **민정이가 무사히 집에 들어갔는지 확인해라!**
発［**지베**］［**드러간는지**］［**화기내라**］
-는지、レッスン42／**-아라/어라**、レッスン39

⑩ **옛날 남자 친구를 아직도 잊을 수 없니?**
発［**옌날 람자**］［**아직또**］［**이즐 쑤**］［**엄니**］
-(으)ㄹ 수 없다、レッスン33／**-니?**、レッスン42／未来連体形の濃音化、レッスン14

⑪ **오시기 전에 필요한 서류를 준비하세요.**　発［**저네**］［**피료한**］
-(으)시-、レッスン18・23／**-기 전에**、レッスン26／形容詞の現在連体形、レッスン13／尊敬語のヘヨ体、レッスン19

⑫ **끝내야 할 일이 아직 남아 있습니다.**
発［**끈내야**］［**할 리리**］［**아징 나마**］［**읻씀니다**］
-아야/어야 하다、レッスン39／動詞の未来連体形、レッスン14／**-아/어 있다**、レッスン38／ハムニダ体を作る語尾、レッスン２

Step 4
Lesson 43

問題１　① **끊는다**　② **마신다**　③ **조용하다**　④ **안다**　⑤ **모른다**

キソカン解説　①②④⑤は動詞、③は形容詞です。⑤は「〜い」で終わっているので形容詞のように見えますが、**알다**(知る)の対義語だと考えると、動詞であることが分かります。また④は**ㄹ**語幹用言です。不安な方はレッスン7を読んでおきましょう！

問題２　① **달지 않다**　② **가르치지 않는다**　③ **생각하지 못한다**　④ **느끼지 못한다**

キソカン解説　①は形容詞、②③④は動詞です。

Lesson 44

問題1 ①“가요.”라고 해요.　②“있었어요.”라고 해요.
③“뽑을 거예요.”라고 해요.　④“섞어 주세요.”라고 해요.
⑤“몰라!”라고 해요.　⑥“살려 줘!”라고 해요.
⑦“먹을 수 있어.”라고 해요.　⑧“피아노를 칠 줄 알아요.”라고 해요.

Lesson 45

問題1 ① 저 고깃집은 맛있다고 해요.
② 경선이는 펀치가 강하다고 합니다.
③ 수염이 있는 저 사람은 선생님이라고 합니다.
④ 경찰은 그 사건의 범인을 알고 있다고 해요.
⑤ 검은 옷을 입은 저 사람은 의사가 아니라고 해요.
⑥ 민정이는 매일 9시에 잔다고 합니다.

キソカン解説 ①②は形容詞、③⑤は指定詞、④⑥は動詞です。また④はㄹ語幹用言です。不安な方はレッスン7を読んでおきましょう！

Lesson 46

問題1 ① 그런 것을 왜 묻냐고 해요.
② 어제 한 말은 진실이 아니냐고 해요.
③ 금요일은 일이 바쁘냐고 합니다.
④ 아름다운 풍경을 찾자고 해요.
⑤ 이 집을 팔자고 합니다.
⑥ 사람을 쉽게 믿지 말자고 합니다.

Lesson 47

問題1 ① 쓰레기를 내일 꼭 버리라고 합니다.
② 수희가 여기서는 자지 말라고 했어요.
③ 살찌니까 더 이상 먹지 말라고 합니다.
④ 돈을 빌려 달라고 해요.
⑤ 이제 용서해 달라고 해요.
⑥ 이제 용서해 주라고 합니다.

Lesson 48

問題1 ① 그러지 말래요.　② 믿어 달랍니다.　③ 가지 말랍니다.
④ 머리 감겨 주래요.　⑤ 화가가 아니랍니다.　⑥ 밥을 먹재요.
⑦ 김치가 없답니다.　⑧ 내일 회사에 온대요.

Step 3 総合練習ドリル

① 일방통행이 많아서 운전하기 불편하다.
発 [마나서] [운저나기] [불펴나다]
-아서/어서、レッスン36／**-기**、レッスン25／形容詞のハンダ体、レッスン43

② **나는 너를 절대 용서하지 않는다.**
発 [**절때**] [**안는다**]
否定のハンダ体、レッスン43
③ **양념을 만들기 위해서 부추를 썬다.**
発 [**양녀믈**]
-기 위해서、レッスン35／動詞のハンダ体、レッスン43
④ **태풍이 미치는 영향을 지켜봐야 한다.**
動詞の現在連体形、レッスン13／**-아야/어야 하다**、レッスン39／動詞のハンダ体、レッスン43
⑤ **이 가게도 저 가게도 맛은 똑같다고 해요 / 똑같대요.**
発 [**마슨**] [**똑깓따고**] [**똑깓때요**]
-形容詞の間接話法と縮約、レッスン45·48／ハダ用言、レッスン5
⑥ **아름이는 아직도 진호를 믿는다고 합니다 / 믿는답니다.**
発 [**아르미는**] [**아직또**] [**지노를**] [**민는다고**] [**함니다**] [**민는담니다**]
名前の呼び方、レッスン22／動詞の間接話法と縮約、レッスン45·48／ハムニダ体を作る語尾、レッスン2
⑦ **민수는 오늘 결석이라고 해요 / 결석이래요.**
発 [**결써기라고**] [**결써기래요**]
指定詞の間接話法と縮約、レッスン45·48／ハダ用言、レッスン5
⑧ **비행기가 3시에 도착하니까 빨리 가자고 해 / 가재.**
発 [**도차카니까**]
-(으)니까、レッスン36／勧誘の間接話法と縮約、レッスン46·48／ハダ用言、レッスン5
⑨ **성재는 이제 싸우지 말자고 했습니다 / 말잿습니다.**
発 [**핻씀니다**] [**말잳씀니다**]
勧誘の間接話法と縮約、レッスン46·48／ハムニダ体を作る語尾、レッスン2
⑩ **정부가 새로운 정책을 내세운다고 해요 / 내세운대요.**
発 [**정채글**]
形容詞の現在連体形、レッスン13／ㅂ変則用言、レッスン5／動詞の間接話法と縮約、レッスン45·48／ハダ用言、レッスン5
⑪ **선배가 고기를 구워 달라고 해요 / 달래요.**
ㅂ変則用言、レッスン5／依頼の間接話法と縮約、レッスン47·48／ハダ用言、レッスン5
⑫ **선생님이(께서) 회비를 먼저 모으라고 하셨습니다 / 모으라셨습니다.**
発 [**하셛씀니다**] [**모으라셛씀니다**]
敬語助詞、レッスン21／命令の間接話法と縮約、レッスン47·48／**-(으)시-**、レッスン18·23／ハムニダ体を作る語尾、レッスン2
⑬ **송이가 오랜만에 만나자고 하니까 / 만나자니까 같이 가자.**
発 [**오랜마네**] [**가치**]
勧誘の間接話法と縮約、レッスン46·48／**-(으)니까**、レッスン36／**-자**、レッスン30

1日たったの4ページ!
やさしい初級韓国語

2021年 9月21日 初版発行

著者 秋山卓澄
編集 松島彩
デザイン・DTP 洪永愛(Studio H2)
イラスト もものどあめ
印刷・製本 中央精版印刷株式会社

発行人 裵正烈

発行 株式会社HANA
〒102-0072 東京都千代田区飯田橋4-9-1
TEL:03-6909-9380 FAX:03-6909-9388

発売 株式会社インプレス
〒101-0051 東京都千代田区神田神保町一丁目105番地

ISBN978-4-295-40606-8 C0087 ©HANA 2021 Printed in Japan

●本の内容に関するお問い合わせ先
HANA書籍編集部 TEL: 03-6909-9380 FAX: 03-6909-9388
E-mail:info@hanapress.com

●乱丁本・落丁本の取り換えに関するお問い合わせ先
インプレス カスタマーセンター TEL: 03-6837-5016 FAX: 03-6837-5023
E-mail: service@impress.co.jp
(受付時間 10:00〜12:00、13:00〜17:30 土日、祝日を除く)
※古書店で購入されたものについてはお取り換えできません

●書店/販売店のご注文受付
株式会社インプレス受注センター TEL: 048-449-8040 FAX: 048-449-8041
株式会社インプレス 出版営業部 TEL: 03-6837-4635